Die Integrierten

Michèle Minelli

Die Integrierten

Mit Fotografien von Anne Bürgisser Leemann

Mit einem Beitrag von
Bundesrätin Simonetta Sommaruga

Verlag Huber
Frauenfeld Stuttgart Wien

Für uns

© 2011 Verlag Huber Frauenfeld
an Imprint of Orell Füssli Verlag AG, Zürich, Switzerland
Alle Rechte vorbehalten
www.verlaghuber.ch

Dieses Werk ist urheberrechtlich geschützt. Dadurch begründete Rechte, insbesondere der Übersetzung, des Nachdrucks, des Vortrags, der Entnahme von Abbildungen und Tabellen, der Funksendung, der Mikroverfilmung oder der Vervielfältigung auf anderen Wegen und der Speicherung in Datenverarbeitungsanlagen, bleiben, auch bei nur auszugsweiser Verwertung, vorbehalten. Vervielfältigungen des Werkes oder von Teilen des Werkes sind auch im Einzelfall nur in den Grenzen der gesetzlichen Bestimmungen des Urheberrechtsgesetzes in der jeweils geltenden Fassung zulässig. Sie sind grundsätzlich vergütungspflichtig.

Umschlag: Barbara Ziltener, Frauenfeld
Druck: fgb • freiburger graphische betriebe, Freiburg

ISBN 978-3-7193-1576-4

Bibliografische Information der Deutschen Nationalbibliothek
Die Deutsche Nationalbibliothek verzeichnet diese Publikation in der Deutschen Nationalbibliografie; detaillierte bibliografische Daten sind im Internet über http://dnb.d-nb.de abrufbar.

Inhalt

- 7 Überwinden, verstehen, ermöglichen – Vorwort von Susin Park UNHCR
- 11 Tour d'Horizon durch das Asylland Schweiz
- 21 Tinatin Kartwelischwili, Dolmetscherin
- 31 Nasser Kianpur, Betreuer
- 39 Philippe Katulu, Betreuer
- 49 Hawa Berthé, Märchenerzählerin
- 59 Isuf Sherifi, Betreuer
- 69 Asha Koshin, Dolmetscherin
- 79 Deniz Tufan Kodalak, Migrationsfachfrau
- 89 Ahmed Aly, freiwilliger Helfer
- 99 Zymrije Sylejmani, Sozialberaterin
- 109 Ana Pellegrino-Jiménez, Familienbegleiterin
- 117 Gasim Nasirov, Projektmitarbeiter, Moderator, Übersetzer
- 129 Nevenka Mladina, Zentrumsleitung
- 139 Nawzad Kareem, Rückkehrberater
- 151 Candelaria Palacios, Mediatorin
- 161 Renata Gäumann, Koordination Asyl- und Flüchtlingswesen Basel-Stadt – Daheim ist da, wo man verstanden wird
- 171 Gespräch mit Andreas Gross
- 185 Anhang
- 197 Adressen
- 207 Glossar
- 213 Bundesrätin Simonetta Sommaruga, Integration beginnt und gelingt mit Begegnung
- 215 Dank

Überwinden, verstehen, ermöglichen

Ein Vorwort von Susin Park, Leiterin des Büros für die Schweiz und Liechtenstein des UN-Flüchtlingshochkommissariats

Was heisst Integration? Wie integriert man sich? Wann ist man integriert? In den letzten Jahren ist über Integration oder ihr (vermeintliches) Fehlen viel diskutiert worden. Die vielen Debatten um die Integration zeigen, dass der Begriff zumindest umstritten ist. Mit diesem Buch ist ein besonderer Beitrag gelungen zu dieser Debatte. Es lässt Integrierte selber zu Wort kommen und zeigt konkret auf, warum Integration nicht Assimilation ist und sein kann, dass es nicht heissen kann, dass Ausländer ihre ganze bisherige Identität aufgeben müssen. Es zeigt auch auf, wie und warum Integration ein dauerhafter, dynamischer, vielschichtiger und gegenseitiger Prozess ist und sein muss.

Gerade auch für Flüchtlinge und andere schutzbedürftige Menschen im westlichen Europa – und damit auch in der Schweiz – ist Integration die wichtigste sogenannte dauerhafte Lösung, die vom Flüchtlingshochkommissariat der Vereinten Nationen (UNHCR) unterstützt wird. Anders als bei Personen, die sich relativ frei entschieden haben zu migrieren, unterscheidet sich die Ausgangssituation bei Flüchtlingen und anderen schutzbedürftigen Menschen, die ihr Zuhause gezwungenermassen verlassen mussten, dadurch, dass sie oft traumatisierende Erlebnisse und Erfahrungen hinter sich haben oder vor schwerwiegenden Gefahren flüchten mussten. Die Flucht selber war oft beschwerlich. Sie haben vielleicht Familie verloren, sind von nächsten Angehörigen getrennt worden, wissen nicht, was mit diesen geschehen ist. Sie werden ihr Zuhause vielleicht nie wiedersehen.

Die Tatsache ihrer Flucht und die Gründe dafür können sich daher einerseits erschwerend auf die Integration auswirken: So ist z.B. zu berücksichtigen, dass Flüchtlinge und andere schutzbedürftige Menschen, die eine Ausbildung abgeschlossen oder auch angefangen haben, diese oft nicht mehr nachweisen können. Während ihres Asylverfahrens sind sie oft zum Nichtstun gezwungen, auch wenn sie sehr häufig viel lieber eine Tätigkeit ausüben würden. Auch ist die Unsicherheit über ihre Situation bis zu ihrer Anerkennung eine grosse Belastung, wie man sich leicht vorstellen kann. Andererseits besteht bei Schutzbedürftigen häufig auch ein grosser Wille zur Integration, da die Anwesenheit im Aufnahmeland normalerweise auf eine lange Dauer angelegt ist.

Aus der Sicht des UNHCR ist es wichtig, die Bedürfnisse speziell der Menschen im Blick zu behalten, die aus humanitären Gründen schutzbedürftig sind. Mit dem Schutz und der Hilfe für sie sowie auch der Suche nach und Förderung von dauerhaften Lösungen (freiwillige Rückkehr ins Heimatland, Integration im Aufnahmeland oder Neuansiedlung in einem Drittstaat) ist UNHCR speziell von der UN-Generalversammlung beauftragt worden. Die Gründung von UNHCR liegt genau 60 Jahre zurück. Das ursprüngliche Mandat wurde nur auf drei Jahre angelegt, da die UNO dachte, «internationaler Flüchtlingsschutz» sei eine zeitlich begrenzte Aufgabe. Seitdem ist das Mandat von UNHCR allerdings immer wieder erneuert und erweitert worden. Es verleiht der Organisation eine einzigartige Autorität, die Umsetzung von flüchtlingsrechtlichen Standards zu überwachen und zugunsten von Flüchtlingen und anderen schutzbedürftigen Menschen zu intervenieren. Seit 2004 ist das Mandat von UNHCR zeitlich unbeschränkt.

Dies ist leider auch ein Zeichen, dass die Aufgabe, Flüchtlinge zu schützen, weiterhin besteht und unerlässlich ist. 2009 waren es – nach der Zählung von UNHCR – weltweit 43 Millionen Menschen, die diesen Schutz benötigen – mehr als je zuvor. Zwei Drittel von ihnen sind Vertriebene innerhalb ihres eigenen Landes; nur ein Drittel flüchtet in ein anderes Land. Von diesen wiederum bleiben 80 Prozent in Ländern in der Herkunftsregion. Global gesehen erreicht nur ein kleiner Prozentsatz Europa. In der Schweiz machen Asylgesuchsteller, Flüchtlinge und andere Schutzbedürftige, wie zum Beispiel Kriegsvertriebene, die eine vorläufige Aufnahme erhalten, insgesamt gerade 0,8 Prozent der Schweizer Gesamtbevölkerung aus.

Das heisst nicht, dass sich nicht auch in Europa und in der Schweiz gewichtige Fragen zum Flüchtlingsschutz und zu dauerhaften Lösungen stellen. So versucht das UNHCR-Büro für die Schweiz und Liechtenstein, die Schweizer Behörden, wie auch andere staatliche und nichtstaatliche Akteure, darin zu unterstützen, den Flüchtlingsschutz bestmöglich zu gewährleisten und die Suche nach dauerhaften Lösungen zu fördern. Das UNHCR-Büro für die Schweiz und Liechtenstein bereitet, wie Länderbüros in anderen europäischen Ländern auch, zum Beispiel Gutachten und Stellungnahmen vor und arbeitet mit den verschiedenen Behörden auf staatlicher und politischer Ebene wie auch mit der Zivilbevölkerung zusammen. Dies betrifft auch den Bereich der Integration.

Für die Schweiz ist insbesondere die «Integration» von Schutzbedürftigen als dauerhafte Lösung von Bedeutung. Integration geschieht meist nicht von allein und ist daher auch Aufgabe des Staates. Von grosser Bedeutung für den Erfolg von Integration sind die institutionellen Rahmenbedingungen und die vorhandenen Möglichkeiten, damit diejenigen, die sich integrieren sollen, dies auch real tun können. Bei diesen muss der Wille vorhanden sein, die gegebenen Möglichkeiten zu nutzen. Darüber hinaus muss die Aufnahmegesellschaft ihrerseits bereit sein, sich zu öffnen und Integration tatsächlich zuzulassen und zu unterstützen. Länder in ganz Europa haben dies als Leitprinzipien anerkannt. In der Schweiz spricht man von «fördern und fordern» als Prinzip der Integrationspolitik.

Bei Flüchtlingen und anderen Schutzbedürftigen ist es wichtig, dass die möglichen, besonderen Bedürfnisse erkannt und berücksichtigt werden. So kann auch der Wille zur Integration gefördert werden, der eine Bereitschaft voraussetzt, Neues, Ungewohntes, Fremdes kennenzulernen und sich dafür zu öffnen. Auch auf Seiten der Aufnehmenden ist ein solches Sich-Öffnen dem Neuen, Ungewohnten, Fremden gegenüber gefragt. Dann ist es viel einfacher zu verstehen und auch Integration zu ermöglichen. Es ist klar, dass es viel Überwindung brauchen kann, dies zu tun – für uns alle.

Dieses Buch gibt Einblicke, wie Integration gelebt und erlebt wird. Es zeigt anhand von persönlichen Geschichten auf, wie schwierig der Prozess der Integration sein kann, aber auch wie viel Positives mitgebracht wird: Talente und der Wille, einen Beitrag zur Gesellschaft zu leisten. Die vielen unterschiedlichen und spannenden Geschichten sind beispielhaft für die grosse Anzahl von Ausländerinnen und Ausländern, die integriert sind und die sich zur Schweiz bekennen, über die aber viel zu wenig berichtet wird.

Das Buch gibt die Möglichkeit, mehr über «die Integrierten» zu erfahren, ohne dabei eine grosse Hemmschwelle überwinden zu müssen. Auch damit wird ein Beitrag zur Integration getan. Denn dies kann ein erster Schritt auf dem Weg zu einem grösseren Verständnis für die Situation der betroffenen Menschen sein. Ein Blick auf ihre Situation führt vielleicht auch zu mehr Offenheit ihnen gegenüber, mehr Bereitschaft, sie tatsächlich kennenzulernen, vielleicht sogar dazu, in gewisser Weise ihre Sorgen zu teilen. Ich würde es mir wünschen. Gelingende Integration ist nicht nur für die zu Integrierenden wichtig; sie ist auch bedeutsam für den Zusammenhalt der Gesellschaft insgesamt.

Tour d'Horizon durch das Asylland Schweiz

Eine Einleitung

Die Schweiz ist ein klassisches Einwanderungsland. Es sind auch die Einwanderer, die aus dem einstigen Armenhaus Europas den wohlhabenden Staat von heute gemacht haben. Diese beiden Sätze enthalten Wahrheiten, die in regelmässigen Abständen aus dem Volksbewusstsein abrutschen und vergessen gehen. Dann, wenn der Wind der Xenophobie über das Schweizer Land hinwegfegt, dann, wenn der Fremde vor der Tür steht, der listige Rumäne, der lasterhafte Italiener, der lästige Balkanbürger, oder, wie aktuell, der alles verdrängende Deutsche. Unabhängig davon, ob es sich um Arbeitsmigranten der sogenannt unteren Klassen oder um Kaderangehörige und Fachspezialisten der Teppichetagen handelt, mit routinemässiger Verlässlichkeit wird von ausländerfeindlich geprägten Parteien ins Farbtöpfchen gelangt und schwarzgemalt, wird der Wind angetrieben, der eben diese Farbe zum Trocknen bringt.

homo homini lupus est

«Wir riefen Arbeitskräfte – und es kamen Menschen», notierte der Schriftsteller Max Frisch als Antwort auf Parolen gegen die bösen Buben – die Fremdarbeiter – der 1960er-Jahre, die Gotthardchinesen, Spaghettifresser, Tschinggen, die *Looser* jener Zeit. Rund 500 000 Italiener mit Saisonnierstatus leisteten damals während neun von zwölf Monaten pro Jahr Schwerstarbeit für ein Land, das sie sowohl fürchtete als auch brauchte. Ohne Familiennachzug, ohne Stimmrecht, ohne Recht, zu bleiben.

Ausländerfeind James Schwarzenbach glaubte seine Stunde für gekommen, er führte das Volk in einen aggressiven Abstimmungskampf mit seiner «Überfremdungs-Initiative», bei deren Annahme über 300 000 Menschen hätten ausgewiesen werden müssen. Im Initiativtext der Nationalen Aktion NA hiess es: «Der Bundesrat sorgt dafür, dass

die Zahl der Ausländer in jedem Kanton, mit Ausnahme von Genf, 10 Prozent der schweizerischen Staatsangehörigen, gemäss der letzten Volkszählung, nicht übersteigt. Für den Kanton Genf der Anteil 25 Prozent.»
Verschiedenste Organisationen wachten auf. Insbesondere Gastro- und Baugewerbe erhoben sich dagegen, und es ist vielleicht nur ihren intensiven Aufklärungsbemühungen zu verdanken, dass bei einer historisch hohen Stimmbeteiligung von 74 Prozent am 7. Juni 1970 Schwarzenbach mitsamt seiner rechtspopulistischen Initiative bachab geschickt worden war. Mit knappen 54 Prozent Nein-Stimmen.

Doch bereits zwei Jahre darauf kursierten erneut NA-Parolen, es hiess, man handle «in staatlicher Notwehr», wenn man sich unter dem NA-Führer Valentin Oehen lauthals am Skandieren beteiligte, auf dass die «Salami-Brüder» und die «Sau-Schwoben» das Land zu verlassen hätten. Eine weitere «Überfremdungs-Initiative», die noch viel krasser zu Werke gegangen wäre, hätte das Schweizer Volk sie angenommen. Drei Jahre lang hätten pro Tag mindestens 500 Gastarbeiter hinausgeworfen werden müssen, kalkulierten Berner Regierungsexperten, indem sie sich des neuen Worts für die vormals «Fremdarbeiter» genannten Menschen bedienten. Und die linksliberale Basler National-Zeitung rechnete vor, dass ein 176 Kilometer langer Eisenbahnzug, Waggon an Waggon gereiht, nötig wäre, die Fremden innert der gesetzten Frist fortzuschaffen. Ein beispielloser Exodus.

«Der Mensch ist des Menschen Wolf», so sinngemäss die Übersetzung des Kapiteltitels, einst geprägt durch den römischen Komödiendichter Titus Maccius Plautus (ca. 250–ca. 184 v. Chr.). Aber «Überfremdungsinitiativen» sind keine Komödien, sie bleiben die zyklisch wiederkehrenden Eruptionen sozialer Vulkane, welche uns herausfordern, das hehre Selbstbild der Schweiz, die Bedeutung der Humanität kontinuierlich zu überprüfen.

Wie es aussieht, rotten sich die Wölfe zusammen, betrachtet man die Ergebnisse der letzten beiden fremdenfeindlichen Initiativen, die Minarett-Initiative und die Ausschaffungsinitiative. Es bleibt beim Heulen nicht.

Eine Frage der Wirtschaft
In Europa, und ganz besonders in der Schweiz, wird mit der Zulassung von Fremden seit jeher auch Innen-Politik gemacht. Das ist heute nicht anders als früher. Kommt heute jemand aus einem EU-Land, darf er eintreten wie ein Gast, stammt ein Zuwanderer aus einem sogenannten Drittstaat, wird er einer genauen Prüfung unterzogen und muss je nachdem draussen bleiben. Es wird sortiert, gestapelt und umgeschichtet, ganz nach Bedarf, der auf dem einheimischen Arbeitsmarkt herrscht. Heute sind gut qualifizierte Arbeitskräfte aus dem Westen willkommen, weil Fachleute dringend gesucht sind. Wenn dann wieder Not an günstigen Hilfskräften aufkommt, wird die Zulassungspolitik dahingehend verändert, dass wiederum diese Zielgruppe vereinfacht einwandern darf. Schon heute lesen wir von Überlegungen – interessanterweise von Parteien unterschiedlichster Couleur gleichermassen angestellt –, in Zukunft Asiatinnen mit pflegerischer Grundausbildung in die Schweiz zur Betreuung unserer Alten und Kranken einzuladen. Droht Mangel, ist keine Ecke der Welt zu weit entfernt, um Personal zu rekrutieren. Eine erleichterte Zuwanderung muss für die lokale Bevölkerung eben nutzbringend sein, und es ist die jeweilige Wirtschaftslage, die diktiert.

Als wichtiger Beleg zu dieser Aussage mag man sich etwa die Geschichte der Eisenbahn in der Schweiz Mitte des 19. Jahrhunderts vor Augen führen oder der Textilfabrikation, aber auch die heutige Landwirtschaft mit ihren Bauern, Sennen, Zusennen und Hirten gibt beredt Auskunft – auf der Sommerweide gern auf Hochdeutsch oder in österreichischer Mundart.

Asylwesen Schweiz
Nicht nur für Arbeitsmigration ist die Schweiz international attraktiv. Sie gilt nach wie vor als Vorzeigestaat mit ihrer direkten Demokratie, dem differenzierten Rechtswesen und dem hohen Stellenwert, den grundlegende Menschenrechte einnehmen, die Bewohnerinnen und Bewohner der Schweiz als rechtschaffen, direkt und hilfsbereit. Das Selbstverständnis der Schweiz basiert auf diesen Werten, und sie wird gerne assoziiert mit vermittelnder Diplomatie und grosszügiger humanitärer Hilfe.

Ein delikater Bereich in diesem Zusammenhang ist das Asylwesen. Zuweilen scheint es, egal wie, das Asylwesen Schweiz könne es niemandem rechtmachen. Zu lasch oder zu streng, zu chaotisch oder zu harsch reglementiert – selten liest man von den guten Beispielen, den konkreten Erfolgen. Von den kleinen stillen Begegnungen, den grossen Momenten, die sich während der Arbeit mit Asylsuchenden ergeben. Das Asylwesen Schweiz ist mehr als nur eine juristische Definition, es ist bewegliche Form, ist Arbeits- und Lebenswelt für Menschen, die ihm Charakter und Gesicht verleihen, Seele, Puls und Herz.

In seinen Grundsätzen richtet sich das schweizerische Asylrecht nach den Verpflichtungen der Genfer Flüchtlingskonvention. Demnach gilt als Flüchtling jede Person, die *aus der begründeten Furcht vor Verfolgung wegen ihrer Rasse, Religion, Nationalität, Zugehörigkeit zu einer bestimmten sozialen Gruppe oder wegen ihrer politischen Überzeugung sich ausserhalb des Landes befindet, dessen Staatsangehörigkeit sie besitzt, und den Schutz dieses Landes nicht in Anspruch nehmen kann oder wegen dieser Befürchtungen nicht in Anspruch nehmen will; oder die sich als Staatenlose infolge solcher Ereignisse ausserhalb des Landes befindet, in welchem sie ihren gewöhnlichen Aufenthalt hatte, und nicht dorthin zurückkehren kann oder wegen der erwähnten Befürchtungen nicht dorthin zurückkehren will* (Quelle: Genfer Flüchtlingskonvention).

Wer genau aufgenommen wird, gibt das Schweizer Asylgesetz (AsylG) vom 26. Juni 1998 mit all seinen verschiedentlich erfolgten Veränderungen und Verschärfungen vor. Ihm unterworfen ist jeder Mensch, der sich in der Schweiz auf ein Asylverfahren einlässt.

Wer in der Schweiz ein Asylbegehren stellt und für den die Schweiz gemäss Dubliner Abkommen zuständig ist, erhält die Bezeichnung AS, Asylsuchender mit laufendem Verfahren. Sein N-Ausweis erlaubt ihm nach einer Sperrfrist, die kantonal unterschiedlich geregelt ist, Arbeit zu suchen.

Vorläufig aufgenommene Personen erhalten das Kürzel VA und einen F-Ausweis. Sie dürfen sich im zugeteilten Kanton eine Wohnung suchen und einer Arbeit nachgehen. Die entsprechenden Bewilligungen werden durch die Kantone erteilt und je nach wirtschaftlichem Bedarf auf bestimmte Branchen beschränkt.

Personen mit Nichteintretensentscheid, NEE, sowie Asylsuchende mit einem rechtskräftig negativen Entscheid unterliegen in allen Kantonen einem Arbeitsverbot. Kinder von Asylsuchenden besuchen die Schule, und auch die Möglichkeit zur Berufsausbildung ist ihnen gegeben.

Unter den Flüchtlingen kennt man folgende Personengruppen: Anerkannte Flüchtlinge FL mit einem B- oder C-Ausweis und vorläufig aufgenommenen Flüchtlinge (VA Flüchtling) mit dem F-Ausweis. Ihnen steht die Welt der Arbeit offen, zumindest was die gesetzlichen Grundlagen betrifft. In der Realität aber sind es jeweils nur die typischen niederschwelligen Einstiegsberufe, die ihnen unser Arbeitsmarkt offenhält: Hilfsjobs im Gastgewerbe, Baugewerbe und in der Industrie.

integrare = wiederherstellen, oder: von der Herstellung eines Ganzen

Ob und wie sehr sich jemand in eine neue Kultur eingibt, hängt auch davon ab, welche Art von Bewilligung er hat. Integration ist immer ein gegenseitiger Prozess. Wenn ein Mensch in beständiger Unsicherheit lebt, ausgewiesen zu werden, hält er eher an den mitgebrachten Traditionen fest. Mitunter das Einzige, was ihm von seiner Heimat bleibt. Asylsuchende und Flüchtlinge dürfen nicht in ihr Ursprungsland reisen, in welchem sie gemäss ihren Angaben auf Leib und Leben verfolgt werden, sie würden umgehend ihren jeweiligen Aufenthaltsstatus verspielen. Das Fussfassen im neuen Umfeld, in der hiesigen Tradition, wird ihnen allerdings auch nicht immer leichtgemacht. Die Anpassungsleistungen, die im Zuge von Globalisierung und der damit unweigerlich einhergehender Schweizer Folklorisierung – Swissness! – von Seiten der Zugewanderten gefordert werden, wirken oftmals als zusätzlicher Klimaschock. Der Heimatreflex, der die Schweizer regelmässig dann befällt, wenn Medienberichte mit Schlagworten und Verunglimpfungen Fremdenangst schüren, anstatt durch Hintergrundberichte zu erhellen, wird als eigentlicher Abschottungsmechanismus wahrgenommen; er sabotiert jede Integrationsbemühung.

Neuzugewanderten ist schon ein gerütteltes Mass an Pragmatismus zu wünschen, um mit den hiesigen Reaktions- und Aktionsmustern, die ganze Bevölkerungsgruppen in einen Topf werfen und sie dort medial aufzukochen versuchen, einigermassen gelassen umzugehen. Oder wie sonst sollte man sich in einer Gesellschaft bewegen, die auch noch für die hier geborenen Kinder von Migranten eigens einen Begriff geschaffen hat – *Secondos* –, auch wenn dieser Begriff an sich neutral geprägt ist?

Eine eigentliche politische Entmutigung erfahren denn auch viele bei den immer wiederkehrenden Begehren, Volksinitiativen von Kleingeistern, die an der Heimat werkeln mittels Artikeln und Paragraphen, auf dass die Einbürgerung auch weiterhin ein Buch mit sieben Siegeln bleibt und der Ausländer vom Mitbestimmungsrecht ausgeschlossen.

Migrationsfachleute als Scharnier zur Integration

Als ich im Auftrag des Zürcher Bildungsinstituts Agogis im Jahr 2010 bereits zum dritten Mal als Dozentin vor einer Klasse von gut zwei Dutzend Weiterbildungswilligen stand, welche den begleitenden Lehrgang zur Eidgenössischen Berufsprüfung «Migrationsfachfrau/Migrationsfachmann» absolvierten, und als ich mit ihnen ihre jeweils individuelle Ressourcenbilanz erarbeitete, die am Anfang dieses Lehrgangs steht, realisierte ich plötzlich, dass ein Grossteil der Anwesenden selber über einen Migrationshintergrund verfügte. Sie alle standen zum Teil schon seit Jahren im Dienste verschiedener Asyl-Organisationen und arbeiteten mit Asylsuchenden und Flüchtlingen zusammen. Sie alle leisteten Tag für Tag einen wertvollen Beitrag zur Integration derer, die neu zuwanderten und nach der ersten Sprosse griffen – aber vor allem: Sie alle wissen wie sonst keiner, was Integration eigentlich bedeutet.

Sie haben sie erfolgreich vollbracht.

Aber soll man im Zusammenhang mit Integration überhaupt von Erfolg sprechen? Und ist es richtig, diesen Erfolg am Beruf zu messen? Woran misst ein zugewanderter Mensch die eigene Integration? Wann fühlt er sich integriert und welche Handreichung erwartet er vom aufnehmenden Land und seinen Bewohnern? Welche Hilfe erhofft er sich?

Es kann kein Zufall sein, dass ein Grossteil der im Asylwesen tätigen Berufsleute selber Menschen mit Migrationshintergrund sind – mit dieser Erkenntnis war die Idee zu diesem Buch geboren.

Was Sie von diesem Buch erwarten dürfen
Sie heissen Nevenka, Nasser und Gasim, stammen aus Kroatien, Iran und Aserbeidschan und arbeiten in der Notunterkunft, im Durchgangszentrum oder Flüchtlingsheim. Was ihnen und elf weiteren Porträtierten in diesem Buch gemeinsam ist, ist ihr Bemühen um die Integration derer, die sie betreuen: Asylsuchende, Flüchtlinge, vorübergehend Gestrandete. Sie kennen den täglichen Kampf ums Elementare aus eigener Erfahrung, die Verbindung von Tradition und Neu-Identifikation haben sie bereits vollbracht, sie sind: die Integrierten.

Vierzehn Männer und Frauen aus unterschiedlichen Herkunftsländern, die jeweils exemplarisch für eine bestimmte Station oder Funktion im Asylland Schweiz stehen und damit Einblick in eine sonst verborgene Realität gewähren. Vierzehn Fachleute, die mit ihren persönlichen Geschichten dem viel zitierten Phantom des «integrierten Menschen» ein Gesicht verleihen.

Die meisten von ihnen haben die Eidgenössische Berufsprüfung absolviert und beleben mit ihrem relativ neuen Abschluss – das Berufsbild und der zugehörige Lehrgang existieren erst seit 2008 – die Berufslandschaft Schweiz. Und mit einem Abschluss auf Tertiärstufe sind auch sie selbst um noch einen Faktor mehr mit dem System, in dem sie leben, verbunden. Integration als lebenslanger Prozess also?

Die Begegnungen mit ihnen ermöglichen Antworten und – so hoffe ich – ein vertieftes Verständnis für die verschiedenen Stationen, vom Empfangs- und Verfahrenszentrum bis zur Rückkehrberatung, die ein Asylsuchender je nach persönlicher Geschichte durchläuft im Asylland Schweiz.

Was Sie von diesem Buch nicht erwarten dürfen
Eine Abgrenzung habe ich zum sogenannten «Asyl-Missbrauch» sowie zur Ausschaffungshaft gemacht. Beide Themen werden in diesem Buch nicht behandelt. Zum einen, weil die Frage eines Missbrauchs an sich fragwürdig ist – wo zieht man die Grenze?, und ist das eine rein paragraphenorientierte Grenze, oder wie weit dürfen humanitär nachvollziehbare Überlegungen Einlass finden? –, und zum anderen, weil das Thema der Integration in der Ausschaffungshaft ein hinfälliges ist.

Fatale Bedingungen für Ausschaffungshäftlinge, wie im Fall des 29-jährigen Nigerianers Alex Khamma, der am 17. März 2010 am Flughafen Kloten, gefesselt und zu Unbeweglichkeit gezwungen, einem «akuten Erregungszustand» erlag, oder der eindeutige Fehlentscheid, wie der des 2004 ausgeschafften Burmesen Stanley Van Tha, der bei seiner Ankunft in der Heimat einer 19-jährigen Haft entgegensah, sind bedeutsame Themenkomplexe an der empfindlichen Peripherie unseres Asylwesens und verdienen eine eigene Plattform, die hier nicht geboten werden kann.

Vielleicht aber wird mit einer unermüdlichen Öffentlichkeitsarbeit, welche unter anderem Kulturschaffende immer wieder leisten, auch das öffentliche Bewusstsein für diese heiklen Gebiete sensibilisiert, so dass das humanitäre Selbstbild, welches die Schweiz gerne wie Helvetias Schild im Sonnenglanz vor sich herträgt, auch mit dem Fremdbild mehr und mehr zu einer Übereinstimmung gelangt. Ich würde es uns wünschen.

Engstlenalp, Oktober 2010
Michèle Minelli

Sie kommen über die grüne Grenze, sie kommen durch den Zoll. Sie reisen ein zu Fuss, mit dem Zug oder per Flug. Sie kommen allein, zu zweit, zu mehreren in kleinen Gruppen. Legal, mit einem gültigen Visum, oder illegal und ohne Papiere – Asylsuchende in der Schweiz.

Insgesamt 16 005 neue Asylgesuche gelangten so an das Bundesamt für Migration BFM im Jahr 2009.

Das BFM unterhält zurzeit ein Empfangs- und Verfahrenszentrum in Basel, eines in Chiasso, eines in Kreuzlingen, eines in Vallorbe und je ein kleineres Verfahrenszentrum inklusive Unterkunft im internationalen Transit der Flughäfen Zürich und Genf. In Altstätten gibt es das Transitzentrum mit seinen 126 Betten, und der das Ganze regelnde und beaufsichtigende BFM-Hauptsitz befindet sich in Wabern bei Bern.

Die Empfangs- und Verfahrenszentren teilen sich jeweils auf in Unterkunft und Verwaltung. Hierher werden Asylsuchende gebracht, wenn sie bei der Grenzkontrolle oder Polizei um Asyl ersuchen; man führt sie zur Unterkunft des nächstgelegenen Empfangs- und Verfahrenszentrums, ihrer ersten Station auf der Tour d'Horizon durch das Asylland Schweiz.

Tinatin Kartwelischwili,* Dolmetscherin

Empfangs- und Verfahrenszentrum Chiasso

geboren in Georgien

*beim Namen Tinatin Kartwelischwili handelt es sich um ein Pseudonym. Zum Schutz der eigenen Person müssen sämtliche Dolmetscherinnen und Dolmetscher, die in Empfangs- und Verfahrenszentren tätig sind, anonym bleiben.

Es gibt einen Schalter, es gibt uniformiertes Personal der Securitas, es gibt eine kleine Vorhalle vis-à-vis des Schalters und drei Poster hoch oben an der Wand angebracht, die in drei Sprachen über Rückkehrberatung informieren. Es gibt eine Glastüre nach drinnen und eine Feuerschutztüre nach draussen. Draussen, das ist die Via Motta unweit des Bahnhofs Chiasso. Drinnen, das ist für sie die Schweiz.

Mehr noch als der Schritt über die Grenze wird der Schritt über die Schwelle ins Empfangs- und Verfahrenszentrum als Zäsur erlebt. Vorher, ein Mensch auf der Flucht, jetzt einstweilig angekommen am Ziel.

«Von den Asylsuchenden höre ich hin und wieder, dass die Schweiz besonders bevorzugt sei. Sie sagen, in der Schweiz fühlen sie sich sicherer, der Umgang sei humaner. In Italien als Beispiel können sie sich zwar als Asylsuchende registrieren lassen, dann aber müssen sie draussen bleiben, das heisst: Sie schlafen auf der Strasse, sofern sie niemanden kennen. Hier bekommen sie Unterkunft, ein Bett, warme Mahlzeiten. Aber ja, alles ist relativ, je nachdem, was man für gut und was man für schlecht hält. Im Italienischen sagt man: *Non c'è limite al peggio*, es gibt immer etwas, das noch schlimmer ist.»

Chiasso ist das südlichste der Verfahrenszentren in der Schweiz. Es bietet Platz für total 134 Personen. In Mehrbettzimmern werden die Asylsuchenden aus Sicherheitsgründen und aus Fragen der Toleranz möglichst nach Nationalitäten einquartiert, Frauen und Männer getrennt, Familien bleiben zusammen.

Auf der laufend nachgeführten Grafik der Eingänge schwingt die Kurve der Menschen aus Nigeria weit obenauf, hängt auf der Tabelle wie ein gespannter Flügel in der Luft und hoch über den relativ ruhig verlaufenden Sockellinien derjenigen aus Georgien, Tunesien, Afghanistan, Eritrea, Algerien, Irak, Ghana, Serbien, der Mongolei, Rumänien und Bosnien.

Am Schalter nennen die Neuankömmlinge ihre Identität oder Pseudoidentität, geben, sofern vorhanden, ihre Papiere oder das Handy ab und werden auf Personalbogen summarisch registriert. Dann erst öffnet sich für sie die Glastüre, und ein Beamter der Securitas führt die Asylsuchenden ins Innere des Zentrums hinein.

Was folgt, ist eine sanitarische Untersuchung durch medizinisch geschultes Personal, dann die Zimmerzuweisung, später die Zuteilung der Ämtli, dieser urschweizerische Brauch. Die Bewohner sind zuständig für die Reinigung der Duschräume und der Toiletten; Essen wird gestellt. Ebenso die drei Franken pro Kopf und Tag. Es gibt geregelte Ausgangszeiten, und es gibt interne «Ausgangsscheine», mit denen sich ein Asylsuchender im Zweifelsfall bei einer Polizeikontrolle ausweisen kann.

Und dann, innerhalb der ersten 60 Tage, kommt es zur Befragung zur Person, auch Erstbefragung genannt. Länger als diese 60 Tage darf ein Aufenthalt in einem Empfangs- und Verfahrenszentrum auch nicht dauern.

Erstbefragung
Für die Erstbefragung wird der Asylsuchende mit dem Shuttlebus an die Via Primo Agosto geführt, dem Zweitgebäude und administrativen Sitz des Bundesamtes für Migration in Chiasso, wo er erkennungsdienstlich erfasst wird. Bei der Daktyloskopie werden nacheinander alle vier Finger und der Daumen jeder Hand elektronisch erfasst und danach noch einmal jeder der zehn Finger einzeln. Diese Daten werden auf einen Daktylobogen gedruckt und zugleich in der internationalen Datenbank EURODAC gespeichert. «Seit dem Dublin-Verfahren ist das problematisch geworden. Wir haben immer wieder Leute, die sich die Fingerkuppen verkleben, zerschneiden oder anbrennen, nur um nicht erkannt zu werden. Es ist nicht einfach, auch für sie nicht.»

Unter dem Dublin-Verfahren versteht man die Zusammenarbeit zwischen den 27 Staaten der Europäischen Union und der drei assoziierten Staaten Norwegen, Island und die Schweiz, welche in ihrer Verordnung vorsehen, dass eine asylsuchende Person nach einem abschlägigen Entscheid keine zweite Möglichkeit mehr hat, in einem anderen Dublin-Staat ein Asylverfahren anzustrengen. Es kann wohl noch ein Gesuch eingereicht werden, aber der Staat ist zur materiellen Prüfung dieses Gesuches nicht verpflichtet; er kann die gesuchstellende Person an denjenigen Dublin-Staat zurückweisen, der schon früher für deren Anliegen zuständig war. Von dort dann erfolgt je nach Fall eine erneute Wegweisung über eine weitere Grenze hinweg.

Tinatin Kartwelischwili steht als Übersetzerin für Georgisch und Russisch nach Bedarf bereit und übersetzt bei den Erstbefragungen in Chiasso. Dabei wird unter anderem die Zuständigkeit der Schweiz geprüft. In den kleinen standardmässig eingerichteten Besprechungszimmern mit fester Platzordnung sitzen sich die Sachbearbeiterin des Empfangszentrums, ihres Zeichens die Befragerin, und der Asylsuchende gegenüber, über Kreuz nimmt die Protokollführerin Platz und ebenfalls seitlich über Kreuz die Dolmetscherin Tinatin. Man begrüsst sich mit Worten, reicht sich nicht die Hand. Von Anfang an signalisiert Tinatin, dass sie in einer professionellen Funktion tätig ist, auch wenn sie Landsmänner und -frauen vor sich hat; ihre Rolle ist klar abgegrenzt. «Ich übersetze jedes einzelne Wort, spreche also in der Übersetzung genau so wie der Asylsuchende oder genau so wie die Sachbearbeiterin, welche die Befragung leitet. Das heisst, ich rede jeweils wie sie, in der Ich-Form.»

Nach der Begrüssung erfolgt die Information des Asylsuchenden über den Zweck und die Bedeutung der Befragung; diese Information ist in ihrem Ablauf streng reglementiert und wird von der Dolmetscherin ebenfalls eins zu eins übersetzt:

Die heutige Befragung ist der erste Teil des Asylverfahrens. Es geht in dieser Befragung um folgende Themen und Fragen: Ihre Personalien und Identität. Ihre Herkunft. Ihre Familienverhältnisse und Lebensumstände. Ihr Reiseweg und Ihre Aufenthalte in anderen Ländern. Ihre Reisepapiere bzw. die Gründe für das Fehlen solcher. Ihre Asylgründe: summarisch das Wichtige – eine Vertiefung erfolgt später in einer weiteren Befragung.

Wenn diese erste Information verstanden worden ist, wird über die Rollen der anwesenden Personen aufgeklärt, gestartet mit der Befragerin:

Ich heisse und/oder ... bin Mitarbeiter/in des BFM. Ich führe diese Befragung durch und leite sie. Ich werde die Fragen stellen und Ihnen Gelegenheit geben, sich zu allen wesentlichen Fragen zu äussern. Ich kann und werde Sie unterbrechen, falls dies für die Übersetzung nötig ist oder wenn Sie vom Thema abweichen.

Als Zweites wird die Dolmetscherin vorgestellt:

Der/die Dolmetschende übersetzt meine Fragen und Ihre Antworten Wort für Wort, sie ist neutral, unparteiisch, sie stellt keine eigenen Fragen und sie hat keinen Einfluss auf den Entscheid.

Im Weiteren werden die Punkte Verschwiegenheitspflicht und Mitwirkungspflicht angesprochen. Nach dem Schweizerischen Asylgesetz hat die asylsuchende Person eine Mitwirkungspflicht. Sie muss auf gestellte Fragen nach bestem Wissen Antwort geben, sie muss plausible und möglichst präzise Angaben machen über die Gründe, die zu ihrem Asylgesuch geführt haben, sie muss ihre Identität offenlegen sowie allfällig vorhandene Dokumente und Beweismittel abgeben; widersprüchliche, ungenaue, lückenhafte oder unplausible Angaben sowie gefälschte Dokumente wirken sich negativ auf den Asylentscheid aus.

«95 Prozent der Leute verstehen das und akzeptieren auch, dass ich selber in diesem Verfahren keine entscheidende Rolle spiele. Nur ab und zu gibt es welche, die fragen mich, wie ich heisse oder wie lange ich schon in der Schweiz bin. Dann übersetze ich auch dies, und die Befragerin gibt für mich Antwort, weist noch einmal auf meine Funktion hin und wiederholt, dass ich von mir aus nicht sprechen darf. Nachdem ich dann auch dies übersetzt habe, ist es allen klar.»

Eine solche Erstbefragung dauert in der Regel anderthalb bis zwei Stunden. Pausen werden eingesetzt, je nach Situation und Verlauf. Mal weil es einen Asylsuchenden überkommt und er weinen muss, mal weil er eine Zigarettenpause benötigt oder sich die Beine vertreten will.

«Wir wahren immer eine professionelle Distanz; während der Befragung funktioniere ich selbst wie ein Computer. Das ist auch wichtig, ich darf nichts hinzufügen oder kommentieren, das würde das Bild sofort verfälschen. Auch werden wir Dolmetscher in den Pausen oder nach Beendigung der Befragung nie nach unserer Meinung gefragt. Wir halten uns raus. Nur so ist das auch zu bewältigen.»

Sich das Land zu Eigen machen
Tinatin hat sich in den ersten Jahren ihrer Tätigkeit als Dolmetscherin angewöhnen müssen, die einzelnen Menschengeschichten, die sie zu hören bekommt, nach Verlassen des Gebäudes dort zu lassen. «Es wäre schlicht zu viel zu tragen.» Die Asylgründe, die vorgebracht werden, reichen von politischer, ethnischer über religiöse Verfolgung oder machen wirtschaftliche Faktoren geltend und zeigen meist ein wüstes Gesicht ihres Herkunftsstaates. Auch das ein Faktor, mit dem Tinatin lernen musste zu leben.

Selber kam Tinatin als junge Studentin von Georgien nach Europa. Sie studierte an verschiedenen Universitäten und genoss Stipendien mehrerer Länder. «In jedem anderen Zusammenhang könnte ich offen darüber erzählen, wer ich bin und woher ich komme, wie es mich in die Schweiz verschlagen hat und warum ich noch hier bin. Aber in diesem speziellen Zusammenhang, als Dolmetscherin des Empfangs- und Verfahrenszentrums Chiasso, muss ich mich bedeckt halten. Es ist mir zwar noch nie passiert, dass ich einer asylsuchenden Person später einmal zufällig auf der Strasse in irgendeiner Schweizer Stadt begegnet bin, aber wir haben doch schon seltene Fälle erlebt, bei denen Dolmetscher privat angegangen worden sind. Davor will man uns hier schützen. Und das ist auch richtig so.»

Besonders seit bekannt ist, dass Spitzel aus verschiedenen Ländern Asylsuchende und zuweilen auch im Asylwesen tätige Landsleute um Schutzgelder erpressen oder deren Angehörige, die im Heimatland verblieben sind, drangsalieren, ist die Vorsicht in Sachen Identität von Dolmetschenden besonders gross geschrieben.

In der Schweiz fühlt sie sich integriert – aber: Was heisst *integriert*?
«Ja, was versteht man unter Integration? Wie kann man einen Menschen als integriert definieren? Ich glaube, vor allem integriert man sich, indem man sich das Land zu Eigen macht. Natürlich spielt die Sprache eine grosse Rolle, Integration ohne Sprache erachte ich als schwierig. In der Schweiz ist das mit der Sprache ja ein Leichtes, da die Schweiz vier Möglichkeiten als Landessprachen bietet. Hier im Tessin ist man schon

ziemlich integriert, wenn man Italienisch spricht. Und in der Deutschschweiz gibt es sogar Kurse in Dialekt – auch dies ein Instrument, in die Kultur eines Landes hineinzufinden. Man muss das Land lieben lernen und die Leute. Es ist wichtig, dass man dem Land, das einen aufnimmt, Respekt entgegenbringt, es sich zur zweiten Heimat macht.»

Tinatins Weg zu dieser Liebe war unter anderem der Weg über die Sprache. Sie spricht mehrere Sprachen fliessend. Sie liest Schweizer Literatur und weiss auch über die georgisch-schweizerische Verbundenheit Bescheid, zum Beispiel über den Autor Grigol Robakitze, der in Genf lebte, und Kita Tschenkéli, ein georgischer Linguist, der mit seiner *Einführung in die Georgische Sprache* 1958 ein noch heute gültiges Standardwerk der georgischen Grammatik geschaffen hat, um nur zwei der berühmt gewordenen Flüchtlinge zu nennen, die ihr Heimatland Georgien nach der Besetzung durch die Rote Armee in den 1920er-Jahren verlassen mussten.

Georgien – Land der Vielfalt. 26 Volksgruppen leben hier, Georgier, Aserbaidschaner, Armenier, Russen, Osseten, Abchaser, Aramäer, aber auch Pontos-Griechen, Kurden und Juden – um nur einige zu nennen – bevölkern mit ihrer jeweils eigenen Kultur und Religion diesen bergreichen Staat in Vorderasien, der von seinen Einheimischen liebevoll *Balkon Europas* genannt wird. Der Grosse und der Kleine Kaukasus, das Armenische Hochland, die Kolchische Tiefebene, die Transkaukasische Senke, sie bedeuten für viele Europäer Fernwehbegriffe, die sie in Tinatins Geburtsland ans Schwarze Meer führen.

«Für mich als Georgierin ist es relativ einfach, mich in der Schweiz heimisch zu fühlen. Ihr habt wie wir Berge und Bergseen, eine reichhaltige Natur. Und ihr pflegt eure Kultur, die Kunstmuseen, Opernhäuser, Theater, Filmfestivals, ihr pflegt eure Traditionen und das Volkstum – übrigens, das erste Schweizer Lied, das ich in Tbilissi gelernt habe, war *z'Vreneli ab em Guggisberg* –, bei euch leben die Bräuche, die Basler Fastnacht, der Berner Zibelemärit, und erst die Literatur! Zurzeit lese ich die Mundartbücher von Pedro Lenz. Ich erinnere mich auch noch gut an die erste Erzählung, die ich noch in Georgien auf Deutsch gelesen hatte, es war *Das Bettelweib von Locarno* von Heinrich von Kleist, mit dem unvergesslichen Beginn, dem darin integrierten Sprachbild auch: *Am Fusse der Alpen, bei Locarno im oberen Italien, befand sich ein altes, einem Marchese gehöriges Schloss.* Alles in allem ist die Schweiz wie auch Georgien ein mehrsprachiges, multikulturelles Land.»

Maximal 60 Tage
Die Welt hat sich seit Kleists Zeiten verändert, Locarno gehört nicht mehr zu Oberitalien, sondern, bedingt durch Napoleons dirigierte Mediation seit 1803, zum neuen vollwertigen Kanton Tessin. Wie überall auf der Welt haben sich auch in der Schweiz die Grenzen mit den Jahren verschoben, sind aufgehoben worden oder es sind neue dazugekommen. Und wie überall auf der Welt, speziell aber: in einer globalisierten Welt, haben diejenigen, denen es besser geht, eine soziale Verantwortung gegenüber denjenigen wahrzunehmen, die auf der Schattenseite stehen. Letztlich wohl auch eines der Anliegen Kleists beim Verfassen seines *Bettelweibes*.

In Chiasso wird diese Verantwortung im Empfangs- und Verfahrenszentrum Ernst genommen. Im Rahmen der gesetzlichen Möglichkeiten setzen sich hier 26 Bundesmitarbeitende, ein erfahrenes Dolmetscherteam, über 50 Securitasbeamte, 20 Betreuungspersonen der ORS Service AG sowie ein Mitarbeiter der Ascom, zuständig für das Abnehmen der Fingerabdrücke, für ein von Beginn weg geregeltes, transparentes und humanes Verfahren ein. Bei den rund 3 500 asylsuchenden Personen, die sich jährlich im Zentrum melden, eine immer wieder neue Herausforderung.

Zumeist bleibt ein Bewohner nur rund 20 der gesetzlich erlaubten 60 Tage da, zumeist findet die Erstbefragung schon bald nach seiner Ankunft statt. Und hin und wieder kommt es vor, dass Tinatin zu einem Dolmetschertermin aufgeboten wird und nach Chiasso anreist, und die betroffene Person ist bereits wieder weg. Hat die Unterkunft verlassen und ist anderswohin gegangen – oder untergetaucht. Auch das eine Realität ihrer Arbeit.

Tinatin kennt das Asylwesen Schweiz, auch wenn sie als Dolmetscherin in Chiasso nur bei den Erstbefragungen involviert ist. Sie weiss, dass nach dieser Erstbefragung der Transfer erfolgt und dass irgendwann zu einem noch nicht bestimmten Zeitpunkt eine Zweitbefragung durchgeführt wird, eine Befragung, die ihrer Form und ihres Umfangs nach weiter gefasst ist als die Erstbefragung und die auch länger dauert.

Sie weiss, dass sich auch hier wiederum Befragter und Befrager gegenübersitzen und über Kreuz im rechten Winkel eine Dolmetscherin und eine Mitarbeiterin eines Hilfswerkes Platz nehmen. Sie weiss, dass Letztere die Rechtmässigkeit des Verfahrens kontrolliert und einen eigenen Bericht schreibt. Auch dass sie dazu ermächtigt ist, zu Fragen anzuregen, die sie noch beantwortet haben möchte. Ihr Bericht wird insbesondere dann von Wichtigkeit sein, wenn es später bei einem abschlägigen Asylentscheid zu einem Rekurs kommen sollte, auch das ist Tinatin bekannt, sie hat sich damit befasst, ist Teil eines Systems, dessen einzelne Komponenten alle auf ihre eigene Art Wichtigkeit tragen. Wie eben auch die Erstbefragung, die ganz am Anfang des Prozederes steht und die alle nachfolgenden Schritte einleitet.

Die nächste Station, folgt auf dem Fuss. Unmittelbar nach der Erstbefragung wird die um Asyl ersuchende Person einer Gemeindestruktur zugeteilt. Je nach Kapazität einem Durchgangszentrum im Westen, Osten, Süden oder Norden des Landes überantwortet. Sie wird ihr Bündel packen, Abschied nehmen, und mit einem Wegbeschrieb, einem Billet der SBB und ein paar letzten guten Worten losgeschickt, auf ihrem Kurs quer durch die Schweiz.

Aber da wird Tinatin Kartwelischwili schon nicht mehr dabei sein. Sie wird sich, nach Bedarf und zu den üblichen Zeiten, zu denen in Chiasso Erstbefragungen stattfinden, pünktlich um 08.30 Uhr und 13.30 Uhr, wieder im Befragungszimmer einfinden, zuverlässig einer neuen Person zunicken, sie in ihrer Sprache der Heimat begrüssen und ans Übersetzen gehen. Geschichte für Geschichte. Satz für Satz. Und Wort für Wort.

Nach einer Dauer von höchstens 60 Tagen, die ein Asylsuchender in einem der Empfangs- und Verfahrenszentren verbringt, erfolgt sein Transfer in ein Durchgangszentrum. Für die Platzierung zuständig sind die kantonalen Platzierungsstellen. Sie berücksichtigen das Geschlecht und nach Möglichkeit auch die Herkunftsregion bei der Zuteilung einer neuen Person auf eine kantonale Struktur. Familien bleiben zusammen.

Wie lange sich die Dauer des Aufenthaltes in einem Durchgangszentrum erstreckt, variiert; bei jedem Fall sind verschiedenste Faktoren einflussgebend, von der Kapazität eines Zentrums bis hin zu den individuellen Bemühungen eines Asylsuchenden selbst um neue Unterkunft. In der Regel spricht man von einer durchschnittlichen Aufenthaltsdauer von vier bis sechs Monaten, die ein Asylsuchender in einem Durchgangszentrum verbringt.

Durchgangszentren verfügen über einfachste Einrichtungsstrukturen: Gemeinschaftsküche, sanitäre Anlagen, Zimmer und Kleinwohnungen. In einer 3-Zimmer-Wohnung können je nach Situation unterschiedlich viele Bewohner untergebracht werden, manchmal bis zu einem Dutzend. Durchgangszentren finden sich in leer stehenden Fabriken, Wohnpavillons, Häuserblocks – die Gemeinde, so sie keine Einsprache dagegen erhebt, stellt die entsprechende Lokalität zur Verfügung, aber auch Liegenschaften, die im Besitz des Kantons sind, kommen in Frage oder Angebote von Privaten.

Für minderjährige Asylsuchende, die alleine reisen, existieren in der Regel besondere Unterkünfte.

Den Bewohnerinnen und Bewohnern von Durchgangszentren stehen die Betreuerinnen und Betreuer zur Seite. Sie beraten und begleiten, bilden eine erste Anlaufstelle bei Fragen zur Integration. Neben ihnen wirken oft zahlreiche Helferinnen und Helfer, Lehrerinnen und Lehrmeister oder Freiwilligenarbeitende, um den Asylsuchenden den Einstieg zu erleichtern.

Nasser Kianpur, Betreuer

Durchgangszentrum Konolfingen

geboren 1954 in Burujerd, Iran
in der Schweiz seit 1990

Bei Nassers Geburt sind die Musen Schlange gestanden. Wenn er etwas in die Wiege gelegt bekommen hatte, dann waren das Talente, kreative Inspiration, die ihm auf seinen Wegen treu geblieben ist; die Musen haben ihn nie verlassen. Er singt, tanzt Bauchtanz, spielt Hackbrett und malt. Im Durchgangszentrum Konolfingen springen sie einem sofort ins Auge, die zumeist in Schwarz-Weiss gehaltenen Bleistift- und Kohleporträts der Menschen, die hier durchgezogen sind. Nasser hat sie in zarten Bildern festgehalten mit einem warmen Strich.

Ansonsten ist der Wandschmuck eher schlicht, und die Türen zu den Zimmern der Bewohner geschlossen. Man möchte seine Ruhe, einen Moment des Einsseins mit sich und dem Raum, der einen neu umgibt. Nach dem Empfangszentrum kam für sie als zweite Station das Durchgangszentrum, und hier warten die rund sechzig zusammengewürfelten Bewohnerinnen und Bewohner auf einen Entscheid des kantonalen Migrationsamtes betreffend ihres nächsten Transfers: Geht es als vorläufig aufgenommener Flüchtling in eine Sozialwohnung, geht es in ein anderes Zentrum oder gar ins Sachabgabezentrum Casa Alpina auf dem Brünigpass, wo man seiner Ausschaffung harren muss? Keiner weiss es, und deshalb halten sie sich selber auch lieber bedeckt und die Hoffnung nur auf kleiner Flamme.

Und doch ist Hoffnung das treibende Element, das viele von ihnen in Bewegung gesetzt, sie dazu veranlasst hat, dem Heimatboden Adieu zu sagen und in eine Zukunft aufzubrechen, die mehr als ungewiss ist.

Einer, der diesen langen Weg hinter sich hat und in einer neuen Zukunft angelangt und integriert ist, ist Nasser. Seine Geschichte ist ausserordentlich.

Im Visir
Nach seinem erfolgreichen Universitätsabschluss der Universität von Teheran, wo er zu den erfolgreichsten Absolventen seines Jahrganges gehörte, übernahm er die Verantwortung als leitender Direktor der Telekommunikation für die südlichen Regionen des Irans mit über 600 Mitarbeitenden. Nach einigen Jahren konnte er im Rahmen eines internationalen Förderprogramms in Japan ein Nachdiplomstudium in Telekommunikation aufnehmen. Auch dort war er stets einer der Besten und schaffte es sogar nebenher, für seine Bilder Ausstellungen zu organisieren und seine eigene Kunst im fremden Land zu kuratieren. Dennoch, oder vielleicht gerade deshalb, wurde ihm auch nach mehrmaligem Insistieren nicht erlaubt, seine Frau für einen Urlaub im fernen Japan zu empfangen; ihre Ausreise vom Iran wurde stets verweigert. «Man behielt sie als Pfand zurück», weiss Nasser, «weil man sich da schon über meine fehlende Nähe zum Iran aufgeregt hatte, weil man fürchtete, ich könnte fliehen.»

Tatsächlich war das einzige Fach, in dem Nasser nie brillierte, Islamische Ideologie gewesen, selten kam er hier auch nur auf eine annehmbare Mindestnote, und es schmerzt ihn noch heute, dass auf einem seiner Diplome steht, er möge in Zukunft im Islam reüssieren und den Moslems dienen.

Zurück in der Heimat verschärfte sich mit der Machtübernahme Ruhollah Khomeinis 1979 der innen- und aussenpolitische Wind rasant. Bald wurde die Presse zensuriert, dann die Universitäten geschlossen. Wer einer nicht regierungskonformen Partei angehörte oder damit sympathisierte, lief Gefahr, hinter schalldichten Gefängnismauern auf Nimmerwiedersehen zu verschwinden. Nasser arbeitete damals nebenberuflich als Karikaturist und belebte mit seinen bissigen Bildern die Druckerzeugnisse von Asadi, der Freiheitspartei, die damals in ganz Persien im Untergrund wirkte. Da Khomeini offen zur Denunziation der Nachbarn aufgerufen hatte, sollte in dessen Haus etwas Fragwürdiges vor sich gehen, und da er sogar die Denunziation der eigenen Kinder zur religiösen Pflicht der Eltern erklärt hatte, sollten sich die Sprösslinge auf einem falschen, sprich nicht Islam-treuen Weg befinden, wurde es für Nasser und seine eigene Familie bald eng. Die gesamte Intelligenz des Landes sollte mundtot gemacht werden, es kam zu Bedrohungen, Verschleppungen und Hinrichtungen und schliesslich zu dem einen schicksalhaften Telefonanruf, bei dem ein Freund Nasser warnte, dass in einer konzertierten Aktion soeben vierundzwanzig Parteimitglieder gefangengenommen worden waren. Nasser wusste, was das für ihn hiess: sofortige Flucht.

Was Flucht bedeutet

Zuerst tauchte er in Nordteheran bei den Angehörigen eines Schwagers unter, die ihn im Keller ihrer Villa versteckt hielten. Seine Frau, mittlerweile Mutter, kam ihn in diesen Monaten hin und wieder besuchen, mit Schleiern verhüllt, damit sie unerkannt blieb. Eine Situation, die nicht für alle Zeit gutgehen konnte, und Nasser dachte erstmals laut darüber nach, das Land zu verlassen.

«Meine Frau hat geweint und geweint, sie wollte mich nicht alleine ziehen lassen.» Als Tochter sehr wohlhabender Eltern setzte sie dabei alles aufs Spiel und wusste, dass sie alles verlieren könnte, wenn sie mitginge; aber sie war nicht abzuhalten. Nassers Schwager und eine Gruppe ihm nahestehender Personen organisierten einen Fluchtplan, und er bezahlte dafür insgesamt über 20 000 US-Dollar. Das Fluchtgeld wurde in einem von seiner Frau genähten Fach in den Unterhosen seiner beiden Söhne, damals neun und fünf Jahre alt, eingepackt versteckt, und endlich machte sich die kleine Familie in Gefolgschaft eines Schleppers auf in Richtung Türkei.

Das war 1990, seither hat Nasser das Land seiner Heimat nie mehr gesehen. «Persien ist nicht mehr Persien. Ich sehe die Bilder im Fernsehen, und ich erkenne nichts mehr wieder.»

Ein Verlust, der sich mit Worten nicht ausdrücken lässt.

46 Tage und Nächte waren sie gemeinsam unterwegs über schwierigste Wege durch das Gebirge in die Türkei und dann weiter bis nach Griechenland hinein.

«Meine Frau wurde oft geschlagen von den Schleppern, weil sie nicht mithalten konnte.»

Alles war perfekt organisiert; an verschiedenen Stationen händigte man ihnen jeweils neue Pässe aus, mit Namen, deren Aussprache Nasser grösste Schwierigkeiten machte. Die Fotos zeigten zwar immer unzweifelhaft sein Konterfei, aber mit seiner tatsächlichen Identität kam er ins Hadern. «Ich hatte so viele Namen, dass ich mich an meinen eigenen bald kaum mehr erinnerte.»

Dankbar waren sie für die Strecken, die sie in einem Lastwagen auf ungesicherten Wegen mitfahren durften. In Griechenland schliesslich hiess man sie zehn Tage unauffällig warten. Irgendwann würde ihnen ein Mann einen «goldenen Pass» überbringen, was erneut 9000 Dollar kosten sollte. Was ein «goldener Pass» war, wusste das junge Paar nicht. Was sie aber wussten, war, dass sie aus dem Iran herausgekommen waren, dass sie noch am Leben und beisammen waren, und dass das Ziel ihrer Reise den verheissungsvollen Namen Kanada trug.

«Für den nächsten Streckenabschnitt waren wir dann als Ledige unterwegs. Aus mir hatte man einen Spanier gemacht, dabei sprach ich gar kein Spanisch», die «goldenen Pässe», Pässe mit Ausreisevisum, befugten die Flüchtlinge zur Überfahrt von Griechenland nach einem italienischen Hafen.

Einmal wurde Nasser an Deck von einem Offiziellen auf Spanisch angesprochen, und ihm brach der kalte Schweiss aus. Er hat kein Wort verstanden, und selbst als der Fremde auf Englisch umschwenkte, eine Sprache, die Nasser wie eine zweite Muttersprache spricht, hat sich sein Verstand dem Idiom versperrt. Seine Frau bedeutete ihm über die Schulter des Fremden hinweg, den Mund aufzumachen, «Er spricht Englisch, Nasser, bitte, antworte ihm doch», aber es wollte einfach nicht gelingen. So wurden die dreissig Stunden Schifffahrt zu einem Höllenritt über die Wellen des Mittelmeeres, und Nasser war davon überzeugt, in Italien von Cerberus selbst in Empfang genommen zu werden.

So viel Müdigkeit. So viel Belastung. Auch an seiner Frau waren die letzten Wochen nicht ohne Spuren zu hinterlassen vorbeigegangen. Die Zugreise von Italien nach Zürich, von wo für sie ein Flug nach Kanada gebucht war, schaffte sie mit letzten Kräften. Hunger, Entbehrungen, Strapazen und Angst, das war die Währung, in der sie für ihren Lebenswillen zahlten.

Licht am Horizont
In Zürich dann: Verzweiflung pur. Nasser fand sich in all den Umlauten nicht zurecht, auf den Anzeigetafeln so viele Äs und Üs und Ös, wie hätte er da wissen sollen, wo es zum Flughafen Zürich ging?

Und Nasser, der als Jugendlicher aus Interesse die Bibel gelesen hatte, dachte: «Wenn Gott existiert, dann zeig dich mir. Hilf mir, wenn du helfen kannst, jetzt.»

Eine ältere Frau trat auf das Paar zu und fragte auf Englisch, ob sie müde seien. Nasser antwortete: «Bitte helfen Sie uns. Wie heisst dieser Ort hier?» Und die Frau antwortete, Schweiz, das hier ist die Schweiz.» Und dann: «Seid ihr Flüchtlinge?»

«Nein, nein, alles, was wir wollen, ist zum Flughafen», versuchte es Nasser da noch. Aber die Frau war eine aufmerksame, eine, die lieber zweimal hinschaut und überlegt, und dann das Rechte sagt. Sie sagte: «Deiner Frau geht es sehr schlecht. Vielleicht stirbt sie, wenn ihr jetzt nicht einsichtig seid. Besser ihr geht zur Polizei und bittet um Asyl.»

Dieses Wort, Asyl, brachte in Nasser plötzlich alles zum Einstürzen, und er weinte und erklärte der Fremden die ganze Flucht.

Auf einem Polizeiposten verhielt man sich ihnen gegenüber sehr rücksichtsvoll, als man den schlechten Gesundheitszustand der Frau erkannte; die junge Familie wurde nach Chiasso ins Empfangszentrum verbracht, von wo aus man sie nach dem ersten Befragungsprozedere Bern zuteilte.

Nassers Frau erholte sich mittlerweile im Inselspital und kam allmählich wieder zu Kräften, und Nasser – Nasser stand, ohne das zu wissen, bereits mit beiden Füssen in seiner neuen Zukunft. Er war angelangt. Als er nämlich eine Schlägerei auf dem Innenhof aufkeimen sah, versuchte er auf Arabisch zu vermitteln. Der damalige Zentrumsleiter sah diese Aktion, machte spontan einen Schritt auf Nasser zu und fragte: «Wollen Sie vielleicht für uns arbeiten?»

So trat Nasser, kaum selber als Asylsuchender in der Schweiz angelangt und mit einem noch laufenden Asylverfahren, in den humanitären Dienst als Flüchtlingsbetreuer. Seinem erlernten, studierten Beruf, Ingenieur, konnte er in der Schweiz nicht nachgehen aufgrund seines Aufenthaltstatus. Er wurde erfolgreich als Betreuer eingesetzt in den Erstaufnahmezentren Meikirch, Biglen und Effingerstrasse, welche ihn mit einem ausgezeichneten Arbeitszeugnis ausstatteten, das auf zwei Seiten seine menschlichen, organisatorischen und fachlichen Qualitäten rühmt.

Von grosser Selbstständigkeit ist da die Rede und davon, dass sein Aufgabengebiet sämtliche Arbeiten eines Zentrumsleiters umfassten.

Die ersten zwei Jahre über lebten so Nasser und seine Familie, mittlerweile um ein weiteres Kind auf fünf Köpfe angewachsen, zusammen mit jeweils 50, 60, zuweilen bis zu 180 Menschen aus einem gut Dutzend Nationen in Bunkern und Zivilschutzanlagen unter Tage. Der Lohn, den Nasser für seine Arbeit als Betreuer erhielt, kam nie über die wenigen Franken hinaus, die einem Asylbewerber mit Vertrag für ein Beschäftigungsprogramm zustehen, und auch die Einzimmerwohnung kam spät, sehr spät. Dennoch war es für Nasser, als sähe er endlich ein Licht am Ende des Tunnels, ein Licht, das er seither nie mehr aus den Augen verloren hat.

«Vertrauen, Liebe, Zuversicht. Das Positive denken und das Positive sehen, das ist das, was ich meinen drei Kindern beigebracht habe. Meine Kinder sind und waren stets aktiv im Dorfleben integriert. Meine beiden Söhne waren in verschiedenen Vereinen wie Hornussen und Handball aktiv, und meine Tochter konnte sich sogar eine Zeit lang für das Trachtentanzen begeistern und war einige Jahre dabei. Meine Frau hat noch immer Schwierigkeiten, ein seelischer Schmerz, der nie ganz vergeht. Ab und zu kommt die Angst, und die Vergangenheit holt sie heim. Ihre Mutter ist uns zwei-, dreimal besuchen kommen, das war gut.»

Seine eigene Familie hat Nasser nie wiedergesehen. Mit dem Zwillingsbruder hat er ab und zu noch kurzen Austausch via Telefon, aber sein Name wurde im Iran gelöscht, ihn gibt es dort nicht mehr.

Nasser und die Schweiz

«Was mir an euch gefällt, ihr denkt an euer Land. Die Schweiz ist wichtig für euch, darin seid ihr euch einig, und das zeigt auch eure Geschichte. So ist die Schweiz zu Werten gekommen, weil die meisten Bewohner das Land erhalten wollen. Und jeder arbeitet dafür. In der Schweiz ist jede Position wichtig und wertvoll, so sehe ich das. Wenn ich im Iran als Asylbetreuer arbeiten würde, wäre das ein schändlicher Beruf, ich würde regelrecht verschmäht. Hier aber kann ich stolz auf mich sein. Ich habe viel Gutes von euch gelernt.»

Wenn sich eine Gesellschaft zersplittert, umso mehr braucht sie Identität: eigene Kulturclubs, Vereine, in denen die Tradition der Heimat hochgehalten wird, Musik, die nach den Klängen der Kindheit spielt. Nasser hat es geschafft, sich das Eine zu bewahren und dem Anderen gegenüber offen zu sein. Er sang im Männerchor Arni und Biglen, liest Mundartbücher und hat sich aktiv um seine eigene Integration bemüht. «An der Gesellschaft teilnehmen, das war der erste Schritt meiner Integration. Ich bin freiwillig an verschiedene nationale Anlässe gepilgert, zur 1.-August-Feier und so weiter, weil ich eure Traditionen kennenlernen wollte. Natürlich braucht es Zeit, sich darauf einzulassen, aber ich wollte zeigen, dass ich zuverlässig interessiert bin. Zuverlässigkeit und Offenheit ist wohl das Wichtigste im Integrationsprozess. Natürlich ist die Sprache auch wichtig, aber die Hauptsache ist das eigene Verhalten gegenüber dem Aufnahmeland und dessen Gesellschaft.»

Heute steht Nasser nun schon seit zwanzig Jahren auf der anderen Seite des Schalters und schaut durch ein kleines Fensterlein, eine Luke, die die Hiesigen von den Fremden trennt. Er erlebt jeden Tag Schicksale, die ihn bewegen. Die meisten erzählen ihre wahre Geschichte nicht bei der Empfangsstelle, die Angst vor allem, was nach Staat und Polizei und Behörden aussieht, ist einfach zu gewaltig für diese Menschen. Im Durchgangsheim dann aber kommt diese Müdigkeit, das Loslassen und mit der Zeit das Vertrauen. Dann sprechen sie mit ihm und erzählen ihm, der ihnen in gewisser Weise vorausgegangen ist.

Und Nasser hört zu und fühlt mit und steht den immer wieder neuen Bewohnern des Durchgangsheimes Tag für Tag zur Seite. Erklärt geduldig noch ein zweites und ein drittes Mal, dass man in der Schweiz mit dem Fahrrad auf Autobahnen nicht zugelassen ist und dass ein Zuwiderhandeln unweigerlich eine Busse zur Folge haben wird. Er erlebt sie hier alle, diejenigen, die stumm und abgezehrt anlangen, mit ähnlich schrecklichen Geschichten wie der seinen noch in den Knochen sitzend, und diejenigen, die die Unmöglichkeit, im eigenen Land Arbeit zu finden, hierher getrieben hat. Es ist nicht viel, was er ihnen in dieser Station auf Zeit geben kann, es sind einzelne Worte, stille Blicke und stumme Gesten vielleicht, und dann und wann die eine oder andere konkrete Hilfe. Aber es ist auch noch etwas anderes, etwas viel Grösseres, als das: Indem er sie porträtiert, sagt er ihnen: *Ja, ja, ich sehe dich, ich sehe, dass es dich gibt und dass du heute hier bist.*

Philippe Katulu, Betreuer

Zentrum für minderjährige asylsuchende ZfM, Münchenbuchsee

geboren im Jahr 1975 in Kinshasa Zaïre (heute: Demokratische Republik Kongo)
in der Schweiz seit 1980

Sie sind auf unterschiedlichen Wegen hierhergekommen, über den Seeweg, über ein anderes Land, die Türkei, Italien vielleicht; die meisten kommen mit Schleppern, andere schaffen es irgendwie allein. Es gibt da verschiedene Geschichten. Auch die Geschichten, die von jungen Mädchen oder Burschen erzählen, die mit dem Flugzeug kommen und in Zürich-Kloten landen, für die die ganze Familie Geld gesammelt und gesagt hat, geh, mach ein gutes Leben daraus, was so viel heisst, wie: Wir haben alles für dich gegeben, damit du in die Schweiz kannst, nun tu du etwas für uns. Die, die so gekommen sind, stehen unter einem ungeheuren Druck. Aber auch für die anderen ist die Situation der Einreise in die Schweiz als unbegleitete minderjährige Asylsuchende, kurz UMA, nicht rosig. Ein Junge etwa hat unterwegs seine Familie verloren, Vater, Mutter, Bruder waren auf einem der vorderen Boote «einquartiert», und als seines endlich anlangte, verschwunden. Er hat alleine seinen Antrag um Asyl gestellt. «Wenn sich Familienangehörige auf der Flucht aus den Augen verlieren, gibt es den Suchdienst vom Schweizerischen Roten Kreuz, der dabei hilft, dass Eltern ihre Kinder und Kinder ihre Eltern wiederfinden können.» Ein Mosaik, das manchmal einer Sisyphosarbeit gleichkommt.

Nicht alle UMA wollen aber, dass man nach ihren Eltern sucht. Vielleicht auch, um die Chance auf eine Aufnahme in einem Gastland zu erhöhen. Fast so, wie wenn man als Paar an zwei verschiedenen Schlangen am Schalter ansteht und schaut, welcher Weg am ehesten zum Erfolg führt.

Egal, wie sie den Schritt über die Grenze vollzogen haben, eines ist ihnen allen gleich: Sie sind hier als unbegleitete Minderjährige weit grösseren Gefahren ausgesetzt als alle anderen Asylsuchenden.

«*Minderwertig*»
Sie sind unbeschirmt, orientierungslos und leicht beeinflussbar, wie das Beispiel jenes Jungen zeigt, der in Genf von einem Mann zuerst gelockt, gefangen gehalten und dann missbraucht worden war, bis ihm endlich die Flucht – diesmal aus einer Schweizer Wohnung – gelang; für ihn setzt sich jetzt hier in Münchenbuchsee eine Fürsprecherin ein.

Hier in Münchenbuchsee, das ist das Zentrum für unbegleitete minderjährige Asylsuchende, ein flacher Holzbau am Zipfelende eines kleinen Industriegebietes, mit grünen Wiesen rundherum, auf denen Pferde grasen, und einem stark beanspruchten Fussballtor im Garten. Im Notfall bis zu fünfzig Minderjährige finden hier Aufnahme, zurzeit sind zweiunddreissig da, alle jünger als achtzehn, der Jüngste ist einjährig. Er, Mahmoudou, war das erste Kind, das im Jahr 2009 im Inselspital Bern zur Welt gekommen ist, er hat es früh schon zur Schweizer Berühmtheit gebracht. Seine Mutter ist eine 18-jährige Bewohnerin des Zentrums. Die beiden teilen sich die Räume und den umliegenden Garten mit Kindern und Jugendlichen aus dem Iran und dem Irak, aus Gambia, Sierra Leone, Sri Lanka, Guinea, Somalia, Eritrea, aus der Mongolei und Afghanistan, aus Äthiopien, dem Kongo, der Elfenbeinküste und Burkina Faso. Man lebt gemeinsam im gleichen Haus, aber man ist sich dadurch nicht unbedingt schon Freund. Zumeist kochen die Nationen getrennt voneinander in der Gemeinschaftsküche ihre ihnen vertrauten Speisen, die Zimmer aber werden pragmatisch nach Sprache zugeteilt. Rücksicht nehmen muss man bei Zuwanderern, die aus dem ehemaligen Ostblock kommen: Oft figurieren dort in den Schulbüchern die Menschen Afrikas noch unter den «minderwertigen Völkern»; dass jeder Mensch gleich Mensch ist, ganz egal, wo er geboren worden ist, müssen Einzelne erst allmählich lernen.

Aber auch sonst gibt es im Zentrum Münchenbuchsee hin und wieder Grund zur Irritation: «Ganz am Anfang, als ich hier als Betreuer angefangen hatte, hatten einige das Gefühl, ich sei kein Afrikaner. Für die meisten Afrikaner bist du nur ein Afrikaner, wenn du wirklich schwarz bist. Und ich bin halt ein Zwischending.»

Philippe Katulu ist schliesslich nichts anderes übrig geblieben, als seine gesammelten Erinnerungsschätze von zu Hause mitzubringen, und die Fotos und seinen zaïresischen Pass herzuzeigen, Artefakte, die ungläubig von Hand zu Hand gingen, bis der erste Kongolese einen Ort, ein Gebäude, einen Platz erkannte. «Von da an war ich auch für die Afrikaner einzuordnen, und jetzt veranstalten wir manchmal ein Töggeliturnier, *Kongo gegen Guinea*.»

Von Heimatgefühlen und anderen Schwierigkeiten

Philippe Katulu ist 1975 in Zaïre geboren und lebte die ersten fünf Jahre seines Lebens in Kinshasa und in Nioki, im Westen des Landes. Da, wo der Kongo-Fluss sich teilt und in vielen einzelnen Armen und Fingern ins Land greift, hatten sich seine Eltern, eine Schweizer Mutter und ein zaïresischer Vater, mit ihren Kindern niedergelassen. Der Plan war simpel: in Zaïre bleiben und ein gemeinsames Dasein als multikulturelle Familie aufbauen. Aber das Leben in einer Diktatur gestaltete sich mehr und mehr unerträglich. Eines von Mobutus Propagandainstrumenten war die sogenannte Authenticité: Das Tragen von christlichen Vornamen wurde per Gesetz verboten, vormals belgische Firmen gingen in Staats-, sprich: in Mobutus Privatbesitz über, und ein Personenkult wurde gefeiert, der auf der Welt seinesgleichen suchte. Mobutus Schreckens- und Diebesherrschaft war es dann auch, welche die junge Familie dazu veranlasste, 1980 das Land zu verlassen und in die Schweiz zurückzukehren. «Mobutus Idee, alle nicht reinrassigen Kongolesen in einem Camp an der Grenze, einem eigentlichen Konzentrationslager, zu sammeln, scheiterte zwar daran, dass es in Mobutus Familie selber Frauen und Männer gab, die mit Weissen Kinder gezeugt hatten», aber für Philippes Eltern war das der eine Tropfen gewesen, der das Fass zum Überlaufen gebracht hatte.

An die ersten Jahre als Mischling in der Schweiz erinnert sich Philipp kaum. Sie scheinen kein grosses Thema zu sein, aber als dann die Schulzeit begann, wurde es für ihn «anstrengend: Als Neger betitelt zu werden, einfach, weil es die Kinder nicht besser wussten, damit hatte ich meine Mühe.» Philippe geriet schon als Knirps in Schlägereien und hat sich gegen die Beleidigungen und Schlötterlig gewehrt, indem er «dem anderen eins aufs Maul gegeben» hat. «Ich selber habe die Leute um mich herum zwar nicht als Käsler erlebt, aber sie mich als Neger. Ich war relativ stark, und so habe ich mich halt gewehrt.»

Ein Schweizer zu sein, zumindest zur Hälfte, und nicht als Schweizer akzeptiert zu werden kam ihn hart an. Er spürte, dass er stets als etwas anderes angeschaut wurde. Das natürliche Zugehörigkeitsgefühl wurde ihm permanent in Abrede gestellt – oder zumindest in Frage.

Ich bin ein Afrikaner!

In den 1980er-Jahren, als in der Schweiz der Rassismus wieder einmal stark präsent war, hat Philippe zahlreiche Situationen erlebt, die seine Fremdheit bezeugten. «Zum Beispiel, dass sich im Bus niemand neben mich setzen wollte oder dass man die Handtasche auf die andere Seite nahm beim Kreuzen in den Lauben, so kleine Details, die mir aufgefallen sind und bei denen ich mich gefragt habe: Ist es Unwissenheit? Ist es Angst vor dem Mischling? Heute glaube ich, es ist einfach die Angst vor dem, den man nicht kennt.»

Als sich dann die Pubertät bemerkbar machte, mit all ihren verwirrenden und fordernden Symptomen, mit ihrem ausgeprägten Gerechtigkeitssinn, wie man ihn sonst nie mehr später im Leben erlangt, und mit ihrem Hang, die Welt zur eigenen zu machen, drehte Philippe den Spiess einfach um. «Ich hatte nicht mehr das Gefühl, dass ich ein Problem hatte oder dass ich das Problem sei – die andern hatten eins.»

Sei es, weil der andere gerne so sportlich gewesen wäre wie er, gerne so gut getanzt und sich ein ebenso sicheres Rhythmusgefühl in die Beine gewünscht hätte, sei es, weil er gerne seinen Charme gehabt hätte und diese ihm eigene Möglichkeit, die Dinge einfach so wegzulachen – denn Philippe hat sie jetzt alle einfach nur noch ausgelacht, wenn ihm die Schweizer dumm kamen.

Als dann seine Mutter auf ihn zugekommen ist, er war gerade mal zwölf Jahre alt, und ihm vorgeschlagen hat, sich einbürgern zu lassen, ist er aus allen Wolken gefallen. «Ich hatte überhaupt keine Lust, Schweizer zu werden. Ich sagte, ich will das gar nicht, ich bin ein Afri-

kaner! Ich kämpfte schon so lange damit, dass man mich akzeptierte, kämpfte gegen den Rassismus, ich fand, die brauchen gar nicht zu meinen, ich bin stolz darauf, Afrikaner zu sein!»
Philippe hat immer gewusst, dass seine Mutter eine ebenso stolze Schweizerin war. Sie stammt aus dem Berner Oberland, aus Boltigen im Simmental, und ihr Vater war ein Bauer, der sein Leben lang «gheuet und gmacht hett». Philippe wusste aber auch, dass seine Mutter nichts Schlechtes von ihm verlangte, bloss hatte er sich so lange gegen diese Schweizer wehren müssen, weshalb also sollte ausgerechnet er nun einer werden?
Die Geduld einer Mutter, das wiederholte Aufzählen der Vorteile – eine bessere Lehrstelle, einfacher einen Job finden – haben dann das Ihre getan.
Als sich Philippe endlich einbürgern liess, bekam das sein Vater nicht mehr mit. Seine Eltern hatten sich scheiden lassen, als Philippe acht war.

Von Vätern und anderen wichtigen Figuren

Ein Erlebnis gibt es, bei dem Philippe besonders einprägsam gespürt hat, dass sein Vater nicht da war: «Als ich klein war und einer auf der Schule fand, du Neger und so, bin ich wie gewohnt 1:1 damit umgegangen, das heisst: Es gab eine Schlägerei. Natürlich hat der andere verloren, nur ist der dann nach Hause gerannt und hat seinen Père geholt. Dann ist sein Père gekommen und hat mir eine geklöpft, ein Meter neunzig vor mir und ich etwa zehn Jahre alt. Ich stand also da, geklöpft, und am liebsten wäre ich jetzt auch nach Hause gerannt und hätte meinen Père geholt, da habe ich schon gespürt, dass etwas fehlt. Da hat mir am meisten weh getan, dass mein Vater nicht da war für uns.»

Einer, der auch damit umgehen muss, dass sein Vater nicht da ist, ist Mahmoudou. Er ist das Kind vieler Väter, und wenn er weint, kümmert sich ganz bestimmt jemand um ihn. Der eine oder andere Bewohner hebt ihn dann zu sich auf den Schoss, hätschelt und beruhigt ihn. Nur, dass diese Bewohner alle selber noch halbe Kinder sind. Viele haben schwere, traumatische Erlebnisse hinter sich, Bilder, die in ihrem Innern gefangen sind und die sie gefangen halten. Eingekapselt in eine

Hülle, die nur allzu leicht zerspringt und dann nichts als Schmerz und Trauer und Verwirrung an die Oberfläche schwemmt, wo diese Minderjährigen ums Überleben schwimmen.

Einen Draht zu den jungen Frauen, die nicht selten Vergewaltigungserlebnisse zu verarbeiten haben, finden die weiblichen Betreuerinnen eher als die männlichen. Aber auch Philippe geht auf sie zu, wenn er ein Mädchen gedankenverloren und ins Nichts starrend draussen im Garten auf einem Stuhl sitzen sieht, und spricht sie an. Oft sind es einfache, kleine Worte, die es vermögen, eine der Welt abhanden gekommene Person aus ihrer Versunkenheit wieder auftauchen zu lassen.

Die Gefahr der Wahrheit
«In solchen Akutsituationen kommt aber nicht viel aus ihnen heraus. Sie halten das meiste zurück, haben Angst, etwas zu erzählen, was ihnen schaden könnte, befürchten, dass wir doch mit den Behörden zusammenarbeiten und sie dahingehend kontrollieren, ob sie etwas sagen, das einer Ausschaffung Vorschub leisten könnte.»

So sind die meisten der jungen Erwachsenen beständig am Filtern, was darf ich sagen, was nicht. «In ihren Augen erkennt man: Sie glauben uns noch immer nicht.»

Wie denn auch. Die meisten sind Freundlichkeit und Hilfe ohne Schwur auf Gegenleistung nicht gewohnt. «Das fängt schon an, wenn sie hier in die Schweiz kommen. An der Grenze werden sie regelrecht auseinandergenommen, und dann, wenn sie ins nächste Camp kommen, denken sie, besser, du traust ihnen nicht. Zum Teil sind die Geschichten, die sie erzählt haben, auch nicht das, was wirklich passiert ist. Es herrscht lange ein grosser Selbstschutz. Am Anfang sind sie einfach scheu und sagen nicht viel. Später, wenn sie hier bei uns sind, kommt mit der Zeit der Charakter zum Vorschein, und sie zeigen sich, wie sie sind.»

Wenn sie dann ein bisschen angekommen sind, klärt sie Philippe auch über ihre Schulmöglichkeiten auf. Viele von ihnen haben als höchstes Ziel die Berufsfachschule oder einen Lehrabschluss. An die hiesige Vorstellung von Ordnung und Pflichtbewusstsein müssen sie allerdings Schritt für Schritt herangeführt werden. Ein halb besuchter

Schultag ist eben kein ganzer, und eine Woche Unterbruch kann man nicht einfach mal so einschieben, wenn es einem passt. Die meisten Lehrer schützen und fördern die jungen Asylsuchenden. Auf der einen Seite findet das Philipp «schon gut, aber auf der anderen Seite zeigt es ihnen nicht, wie es hier einmal sein wird, wenn man die Schule hinter sich hat. In der Lehre kann man nicht einfach sagen, ich habe jetzt Kopfweh und bleibe heute mal zu Hause, einmal geht ja vielleicht noch, aber dann sagt der Lehrmeister, du kannst schon bleiben, aber ganz.»

Wertesysteme
Indem Philippe mit ihnen redet und redet, versucht er das zu vermitteln, was in der Schweiz ein Wert ist, der messbar ist. «Lange können sie nicht nachvollziehen, dass es Konsequenzen haben kann, wenn man sich nicht an Zeitpläne hält. Sie kennen unser Wertesystem ganz einfach noch nicht.»

Eine weitere Integrationshilfe, neben dem Schulunterricht, bietet für die jungen Menschen der Sport. Philippe verzeichnet viele Anfragen von Fussballvereinen, die Trainer kommen ins Zentrum und fragen, ob der eine oder andere nicht in ihrem Club mitspielen dürfe. Dazu muss für einen Minderjährigen eine Lizenz unterzeichnet werden. Sie spielen dann jahrelang Fussball auf hohem Niveau, werden gefordert und gefördert und merken es vielleicht nicht einmal, wie der eine, dem Philippe versucht, sein Talent klarzumachen, und das, was er damit anfangen könnte: «Sein Problem ist, dass er weiss, dass er gut ist, aber da ihm die Vaterfigur fehlt, die ein bisschen Gegensteuer geben könnte, glaubt er, dass Gutsein allein genügt. Er ist ein Laueri und versaut sich damit sein Talent. In der Schweiz kommt man auch mit Talent nirgends hin, man muss schon bügle, darum kommt man hier nicht herum, wenn man es in Zukunft zu etwas bringen will.»

Und wie sieht diese Zukunft aus? «Die, die hier sind, bleiben, bis sie achtzehn sind. Sie gehen in die Schule, machen eine Lehre. Aber sind sie erst mal majorenn, schaut sich das Bundesamt für Migration die Dossiers noch einmal an, und dann werden sie weggeschickt: 'tschuldigung, du chasch jetzt gah.»

Viele tauchen unter. Andere kommen in Ausschaffungshaft oder ins Sachabgabezentrum Brünig, um ihnen die Lust zu nehmen, noch länger hierzubleiben. Da könnte man sich fragen, wozu die ganzen Integrationsbemühungen, sind die nicht vergeblich?

«Ich gehe davon aus, dass die meisten doch bleiben. Darum ist es nicht vergeblich. Es ist schon krass, wenn Leute da sind, die sich Mühe geben, wie einer, der jetzt in der Sachabgabe ist, mit Bügelhose und extrem integriert. Er war unser gutes Vorbild für alle anderen, und genau er wird weggewiesen. Ihm wird die Grundlage entzogen, der Teppich unter den Füssen, auf dem wir ihm beigebracht haben, zu laufen.»

Wenn sich Philippe etwas wünschen würde, dann, dass das Bundesamt für Migration nicht nur die einzelnen Dossiers studieren, sondern als Entscheidungsgrundlage mit einbeziehen würde, was die Betreuer zur jeweiligen Person zu sagen haben. Sie haben sie schliesslich erlebt, zum Teil, und wie im Fall vom erst einjährigen Mahmoudou, von Anfang an.

Hawa Berthé, Märchenerzählerin

Freiwilligenarbeit in den Kantonen Genf, Waadt, Bern

geboren im Jahr 1957 in Bobo-Dioulasso, Burkina Faso
in der Schweiz seit 1987

Dieses Märchen habe ich für dich eingefangen, es stammt aus meinem Dorf, es stammt aus Afrika. Dort gab es einmal ein Mädchen, das liebte es, zu lügen. Sobald es auf dem Dorfplatz auftauchte und seinen Mund öffnete, riefen alle anderen Kinder: «Still! Sei still! Du bist ja doch eine Lügnerin, ein Kind von Lügnern!»
So ging das Tag für Tag. Als sich das Mädchen einmal bei seinen Eltern nach dem Essen für Speis und Trank bedankte und die Eltern traditionsgemäss geantwortet hatten, Dank an Gott, erhob es die Stimme und sagte: «Papa, ich kann nicht mehr mit den anderen Kindern spielen. Ich kann mich gar nicht mehr mit ihnen unterhalten, immer sagen alle, ich soll still sein, ich sei eine Lügnerin, ein Kind von Lügnern. Wenn ich ein Kind von Lügnern bin, Papa, dann heisst das für mich, du musst deinen Beruf ändern. Denn ich will nicht auch den Beruf des Lügners ausüben; eine Lügnerin will ich nicht sein.»
Der Vater antwortete: «Meine Tochter, man ändert nicht einfach so seinen Beruf. Hör zu, seit es dich gibt, ernähre ich unsere Familie. Auch die Mahlzeit, die du soeben gegessen hast, habe ich für uns verdient. Man ändert nicht einfach so seinen Beruf, der einen ernährt.»
Das Mädchen sagte: «Ah, Papa! Werde Schuhmacher! Werde Weber! Werde Schreiner, mach irgendetwas anderes, aber bitte sei kein Lügner mehr! Ich will nicht auch Lügner werden!»
Der Vater aber erwiderte: «Meine Tochter, du kannst dich auf den Kopf stellen, du kannst dich auf die Füsse stellen, du kannst dich auf den Rücken drehen, du kannst dich auf den Bauch rollen, die Leute werden immer etwas zu reden haben. Die Hauptsache ist, du machst etwas, von dem du wirklich eine Ahnung hast. Wenn du nämlich etwas von einer Sache verstehst, dann machst du sie auch gut.»

Nun gab es einen Esel im Hof. Der Vater band diesen Esel los und sagte zu seiner Tochter: «Gehen wir zusammen auf eine Reise, auf der du die Welt kennen lernen wirst.»

Als sie loszogen, sass der Vater auf dem Rücken des Esels, und das Mädchen trottete hintendrein. Im ersten Dorf, durch das ihr Weg sie führte, sagten die Leute: «Oh, mon Dieu! Die Erwachsenen von heute aber auch! Dieser Mann hat nicht das geringste Mitleid mit seinem armen Töchterchen, schau nur, wie es hinterhergehen muss!»

Als sie das Dorf hinter sich gelassen hatten, sagte der Vater zu seiner Tochter: «Hast du gehört, was die Leute geredet haben?»

Und das Mädchen sagte: «Ja, ich habe es gehört.»

Der Vater stieg vom Esel und setzte an seiner Statt die Tochter auf den Rücken des Tiers. Im nächsten Dorf sagten die Leute: «Oh, oh, oh, das aber auch! Die Kinder von heute, sie haben keinen Respekt! Schau dir das an, sie ist jung und hat ihr ganzes Leben noch Zeit, zu reiten! Der arme Vater, das gehört sich einfach nicht, dass er hintendrein gehen muss!»

Der Vater blieb auch diesmal still und wartete, bis sie das Dorf durchquert hatten. Dann sagte er zu seiner Tochter: «Hast du gehört, was sie gesagt haben?»

Und die Tochter antwortete: «Ja, ich habe es gehört.»

Im dritten Dorf dann sassen beide auf dem Esel. Und die Stimmen der Dorfbewohner klatschten nur so an ihre Ohren: «Oh die Leute von heutzutage, sie dir das an! Natürlich ist ein Esel nur ein Tier, aber ein bisschen Nachsicht, ein bisschen Mitgefühl mit dem armen Geschöpf! Man muss doch Rücksicht nehmen!»

Als sie das letzte Haus hinter sich gelassen hatte, sagte der Vater zur Tochter: «Hast du gehört?»

«Ja, ich habe gehört.»

Im nächsten Dorf schliesslich ritt keiner der beiden auf dem Esel. Vater und Tochter gingen zu Fuss, der Esel zottelte an einem Strick nebenher. Und die Leute lachten amüsiert: «Ja, das ist ja lustig! Sind die zwei doof oder was? Haben einen Esel und keiner steigt auf!»

Als sie auch das letzte Haus hinter sich zurückgelassen hatten, fragte der Vater seine Tochter: «Hast du gehört, was die Leute geredet haben?»

Und die Tochter antwortete wiederum: «Ja, ich habe es gehört.»

Im fünften Dorf endlich hob der Vater Kopf, Rumpf und einen Teil des Rückens des Esels auf seinen Nacken, und der hintere Teil des Esels trug die Tochter. So schritten sie durch das Dorf, und die Leute traten aus ihren Hütten und Häusern, kratzten sich die Köpfe, lachten und starrten und einige sagten Dinge wie: «Sind die nicht ganz gescheit oder was? Sie haben einen Esel, und sie tragen ihn? Er trägt nicht sie? Ah, nein, nein, wir sind doch noch nicht so weit, dass wir heute schon Esel durch die Dörfer tragen! Ein Esel ist nicht höher als ein Mensch, ein Esel ist zum Lastentragen gemacht und nicht umgekehrt, wissen die zwei denn nicht, wie man einen Esel nutzt?»

Und als Vater und Tochter auch das fünfte Dorf hinter sich gelassen hatten, wandte sich der Ältere wieder der Jüngeren zu und fragte sie: «Hast du gehört, was sie gesagt haben?»

Und die Jüngere antwortete dem Älteren: «Ja, ich habe es gehört.»

So gingen sie zurück nach Hause.

Zu Hause fragte der Vater seine Tochter: «Meine Tochter, was haben wir nicht gemacht?»

«Papa, wir haben alles gemacht!»

Und gemeinsam zählten sie auf: Im ersten Dorf ist der Vater auf dem Esel geritten und die Tochter war hinter ihnen her zu Fuss gegangen; im zweiten Dorf war die Tochter auf dem Rücken des Esels gesessen und der Vater ging zu Fuss; das dritte Dorf hatten beide auf dem Eselrücken reitend durchquert; im vierten waren beide neben dem Esel hergegangen, und durch das fünfte Dorf haben Vater und Tochter den Esel auf ihren Rücken getragen, und immer, immer hatten die Leute etwas zu sagen gehabt.

«Siehst du, meine Tochter, alles, was du im Leben machst, musst du gut und korrekt machen und davon selber überzeugt sein. Denn es wird immer welche geben, die dein Tun in Frage stellen, und nur du wirst wissen, weshalb das, was du tust, genau das Richtige ist.»

Vom Sich-Beeilen und vom Anders-Sein

In ihrem Leben hat Hawa diese Weisheit oft berücksichtigt, und sie ist damit gut gefahren. Als sie 1987 in die Schweiz kam, fiel ihr als Erstes auf, dass sich die Menschen beeilten. Selber war sie sich alles andere als sich zu beeilen gewohnt; augenscheinlich hatten diese Menschen hier alle einen Grund dazu. Sie beeilten sich, um den Zug zu erreichen, sie beeilten sich, um in den Bus einzusteigen, sie beeilten sich in den Läden, und sie beeilten sich auf der Strasse. «Ich habe mich lange gefragt, was wohl dahinterstecken mochte.»

Aber auch, wenn sie sich nicht beeilten, drückten sie Zeitknappheit aus. Hawa beobachtete, dass sich die Schweizer in ihren Zugabteilen hinter einer gehetzten Mimik und mittels angestrengter Körperhaltung versteckten, so als ob auch ihre Gedanken in steter Eile wären und nicht durch irgendjemanden oder irgendetwas aufgehalten werden wollten. «Ich im Unterschied dazu setzte mich immer breit hin und gemütlich, ich schaute sie alle an. Und ich merkte, dass ich damit etwas tat, das hier nicht üblich ist.»

Diese ersten Erfahrungen liegen nun schon weit zurück, und an vieles hat sich Hawa mittlerweile gewöhnt, sie lacht darüber. Zwei Punkte aber, die ihr heute noch Kopfzerbrechen verursachen, sind geblieben: der Umgang mit Kindern und der Umgang mit den Alten. «In Westafrika, in Burkina Faso und in Mali, wo ich aufgewachsen bin, gibt man einem Kind einen Rahmen, man setzt ihm Grenzen. Die Erziehung der Kinder ist die Sache aller, nicht nur von Vater und Mutter. Jeder kümmert sich. Wenn ich in Mali ein Kind sehe, das ich nicht kenne, und ich sehe, wie es die Äste an einem Baum abbricht, dann sage ich zu dem Kind: Das ist ja schön, wie du die Äste brichst, aber hast du dir schon überlegt, wenn der Baum einmal nicht mehr ist, in wessen Schatten willst du dich dann stellen, wenn es heiss ist?»

Und auch im Guten ist Hawa gewohnt, Anteil zu nehmen. So war es nicht Ungewöhnlich, dass fremde Erwachsene fremde Kinder beim Vorbeigehen lobten, wenn sie sahen, dass diese etwas besonders Gutes taten. «Man sagt bravo! und geht seines Weges.»

Fast noch mehr als der Umgang mit den Kindern schmerzt Hawa der Umgang mit alten Menschen, den sie in der Schweiz oftmals als wenig einfühlsam empfindet. Wenn sie aber ihre eigenen traditionellen Umgangsformen eins zu eins in der Schweiz anwandte, musste sie feststellen, dass es so auch nicht ging. In ihrer Heimat gilt als Zeichen grossen Respekts, den Alten nicht direkt in die Augen zu schauen, man überlässt das Schauen ihnen und senkt den Kopf, zumindest aber den Blick. Um in der Schweiz aber glaubwürdig zu sein, ist es unausweichlich, dass man dem Gegenüber beim Sprechen in die Augen blickt; also

musste sich Hawa eine Mitte finden, die ihr entsprach und die auch in der neuen Kultur verstanden würde. «Ich schaue die Alten nun also an. Aber ich lege all meinen Respekt, all mein Achtung in diesen Blick. Nie würde ich eine ältere Person unterbrechen oder ihr widersprechen. In diesem Punkt bleibe ich meiner Kultur treu.»
Beim Umgang mit fremden Kindern ist das schon etwas schwieriger. Einem fremden Schweizer Kind gibt sie keine Anweisungen. Aber wenn sie zum Beispiel eines sieht, das auf dem Nachhauseweg trödelt, zwischen geparkten Autos durchschlendert und hie und da einen Kratzer in den Lack einzuritzen versucht, sagt sie zu dem Kind etwa: «Was? Du bist noch hier? Deine Mutter hat die Suppe doch schon gekocht und soeben auf den Tisch getragen – sie erwartet dich, schnell, schnell, beeil dich!»

Die vorausgegangen ist
Hawas grosse Stärke sind ihre Geschichten. Sie zieht sie, wie sie sagt, für jede Person einzeln aus dem fernen Afrika heran, für jeden eine. In Geschichten, Sprichwörtern und Weisheiten findet sie ihr Zuhause, sie sind ihr Brunnen, aus dem sie ihre Kräfte schöpft, mit dessen Wasser sie ihre Felder nährt und sich ihre eigene Heimat schafft. Als Erstes von zwölf Kindern hat sie auch den Geschwistern gerne Märchen, vor allem aber Sprichwörter und Redensarten, beigebracht. *Wenn sich der Tag erhebt, dann über jedem Land nach seiner eigenen Art und Weise,* ist so ein Sprichwort, das sie den jüngeren Schwestern und Brüdern mit auf den Weg gegeben hat.

1957 in Bobo-Dioulasso geboren, der zweitgrössten Stadt Burkina Fasos, das damals noch die französische Kolonie Obervolta war, wuchs sie in einer Familie von Bauern und Landarbeitern auf. Ihr Vater war Förster in Mali, ihre Mutter stammte aus Burkina Faso, und gemeinsam zogen sie während Hawas Kinderzeit durch die Länder von Wald zu Wald und von Baumwollfeld zu Baumwollfeld. Hawa half bei der Baumwollernte, bis ihre Fingerspitzen vom vielen Pflücken hart und schrundig wurden. Fast den ganzen Süden Malis hatten sie durchreist, halb Burkina Faso und auch bis an die Elfenbeinküste, nach Abidjan, führte ihr Weg.

Als junge Frau in Sikasso, einer südlichen Stadt Malis, deren jährliche Durchschnittstemperatur an die 27 Grad Celsius misst, heuerte sie bei einem Waldprojekt an. Es handelte sich dabei um eine Kooperation zwischen Mali und dem DEZA, der Direktion für Entwicklung und Zusammenarbeit. Eine Erzieherin wurde gesucht für den Kindergarten, und Hawa erzählte fortan ihre Geschichten, Märchen und Sprichwörter einer gemischten Gruppe von Schweizer und afrikanischen Kindern.

Drei Jahre später wurde sie von ihrem Schweizer Freund gefragt, ob sie mit ihm gehen wolle. Ein befreundetes Paar organisierte einen Diaabend und zeigte Hawa Bilder von Schnee und anderen Phänomenen, die für sie Fremdheiten sein und im Falle einer Übersiedlung in die Schweiz zu ihrem neuen Leben dazugehören würden. Und Hawa freute sich insgeheim auf all das.

Ihre Eltern hatten sie nicht umsonst Hawa genannt. Als Erstes von zwölf Kindern war sie diejenige, die vorausgegangen war, die *erste Frau* auch, so die Bedeutung ihres Namens. Eine wie sie hätte keine Angst, erneut vorauszugehen, fremd hin oder her; Hawa sagte Ja.

Ein ganzes Leben in einem Migros-Sack

Hawa wohnte mit ihrem Mann, den sie schliesslich geheiratet hatte, zuerst in Biel, danach in Tavanne, dann wieder in Biel. Gemeinsam haben sie drei Kinder. «Dort, wo eine Frau verheiratet ist, ist ihr Zuhause. Ihr Haus, ihr Raum, ihre Heimstätte».

Als Afrikanerin in der Schweiz fühlt sich Hawa wie eine Sitzende auf zwei Stühlen. «Damit man auf zwei Stühlen, mit jeder Pobacke auf einem, gut sitzen kann, müssen beide das gleiche Niveau haben.» Für sie auch ein Bild der Integration; man muss sich jeden Tag neu daran gewöhnen.

Bald schon betätigte sich Hawa in der Migrations- und Integrationsarbeit unter anderem im Bieler Verein MULTIMONDO. Ein Einsatz, den sie nicht nur bezahlt, sondern auch im Sinne von Freiwilligenarbeit mit ihrem unermüdlichen Engagement leistet. Und ihr Name, ihre Adresse haben sich herumgesprochen. Hawa gilt als Geheimtipp in Biel. Besonders für Neuankömmlinge. Und so pilgern Frauen und Männer, ganze Familien zu ihr, klingeln und stehen unter ihrem Türrahmen mit einem Migros-Sack in der einen Hand und vielen Fragen in der gestikulierenden anderen. In diesen gestärkten Papiertaschen tra-

gen sie ihr ganzes bisheriges Leben in der Schweiz mit sich herum. Arztberichte liegen neben Schulheften, Steuererklärungen neben Einladungen zum Elternabend und Briefen vom Bundesamt für Migration. «Es kann sein, dass mir jemand ein Aufgabenheft eines Kindes unter die Nase hält und mich fragt: Also, wann ist nun der Termin bei der Polizei?»
Geduldig und im Wissen, dass vieles, das hier auf die Asylsuchenden und auch auf die anerkannten Flüchtlinge zukommt, noch lange Zeit für diese unverständlich bleiben kann, legt sie Heft um Heft, Papier um Papier, Brief um Brief auf den Tisch, sortiert mit den Ratsuchenden die Unterlagen neu und erklärt deren Bedeutung. In Mäppchen verpackt, jedes mit einem Blatt ergänzt, auf dem ein Bild zu sehen ist – eine gemalte Spritze für medizinische Unterlagen, eine Kinderzeichnung für die Schulunterlagen, ein Schweizerkreuz für Behördliches –, vermittelt sie Orientierung im neuen System. Sie weiss, nur wenige Wochen, und dann werden sich die Ratsuchenden bereits selber durchschlagen können und ihrerseits wiederum anderen bei der Integration helfen.

Aber das ist noch nicht alles. Schulen aus der ganzen Romandie rufen bei ihr an und bestellen sie für einen Vormittag, einen Tag, eine Projektwoche. «Man sagt mir zum Beispiel, wir haben in unserem Kindergarten ein Problem mit Toleranz. Ich kreiere für die Schulen diverse Projektwochen, bei denen jede Klasse einen Part erhält und wo alle Kinder aktiv mitmachen können, und am Schluss der Woche erzählen oder zeichnen sie dann ihre eigene Vision von Toleranz.»

Auch zu Themen wie Rassismus, kulturelle Unterschiede oder Leben in Afrika allgemein gelangt die Projektleiterin und Märchenerzählerin zum Einsatz und entspinnt ihre Geschichten von der Schlange, dem Löwen oder auch vom grössten Furz aller Zeiten …

In ihrer Eigenschaft als offizielle Vertreterin von Eltern von Primarschülern für die Stadt Biel hat Hawa während mehrerer Jahre eine Rolle als kulturelle Mediatorin gespielt, indem sie Migranten-Eltern, oft Asylsuchende oder Flüchtlinge, die Verbindungen und Rollen eines jeden im Bereich Schule, Lehrende und Eltern erklärt hat. Und auch heute noch wird sie ab und zu von einer Schulklasse bei sich zu Hause besucht. Dann zeigt sie, wie sie Gombo und anderes afrikanisches Gemüse auf dem Balkon neben Minitomaten hochzieht; ihre Wohnung steht offen, ob für Schweizer oder Zuwanderer.

Hawas Geduld scheint unerschöpflich. Aber eigentlich ist es gar keine Frage der Geduld für sie, es ist nicht mehr als die Folgerichtigkeit der Dinge. Sie weiss, dass sie diesen Menschen etwas voraus hat. Den Weg, den sie bereits gegangen ist, um da anzulangen, wo sie heute steht. Und es ist für sie das Allernatürlichste, als diejenige, die vorausgegangen ist, den anderen beim Nachkommen zu helfen.

Isuf Sherifi, Betreuer

Zentrum für Asylsuchende Thurhof, Oberbüren

geboren im Jahr 1967 in Tetova, Jugoslawische sozialistische Teilrepublik Mazedonien, heute Mazedonien
in der Schweiz seit 1991

Die Geschichte der Migration – bei Isuf Sherifi beginnt sie weit vor seiner Zeit. Sein Grossvater war im Zweiten Weltkrieg ums Leben gekommen, seine Mutter wuchs als Waise auf. Zusammen mit ihren beiden Schwestern hat sie so viele Gräuel erlebt, dass ihre Biografie, schriebe man sie auf, zwischen zwei Buchdeckeln kaum Platz finden würde. Aber auch Isufs Vater hat das Leben nicht geschont, er war erst dreizehn, als er, selbst vaterlos geworden, für die Mutter und die Geschwister zum Überleben auf einem fremden Bauernhof nur für Brot und Milch als Hirte arbeiten gehen musste. Kosovo war damals ein Teil Serbiens und gehörte dem kommunistischen Jugoslawien an. Erst 1963 wurde Kosovo zur autonomen Provinz innerhalb Serbiens erhoben, aber noch immer bestimmte die serbische Minderheit über die Belange der albanischen Mehrheit; die albanische Identität war auch auf heimatlichem Boden kein Baum, der frei wachsen durfte. Mit zweiundzwanzig Jahren waren Isufs Vater und dessen Brüder aus politischen Gründen gezwungen, den Kosovo zu verlassen; sie wollten in die Türkei reisen, um dort neue Wurzeln zu schlagen. Das war in den Jahren 1955/56, als mehrere Tausend albanische Flüchtlinge quer durch Europa auf der Suche nach einem Ort waren, der besser wäre als die unterdrückte Heimat. In Tetova hatten Isufs Eltern Halt gemacht, und während sie auf ihr Visum aus Skopje, der Hauptstadt der damaligen sozialistischen Republik Mazedonien, warteten, besorgte ihnen ein Freund Arbeit. Tage vergingen. Eine Autostunde nördlich nur lagen die Wiesen und die Felder, die Äcker und der Hof, ihr ganzes Hab und Gut, das sie zu einem Spottpreis hatten zurücklassen müssen; das Ziel, die Türkei, in südöstlicher Richtung fast zweitausend Kilometer entfernt. Weit, sehr weit. Und wie so oft war es die Arbeit, die den Boden für Heimatgefühl bereitete: Wieso nicht hier sesshaft werden? Wieso also nicht bleiben?

Die Macht der Bücher
Im Jahr 1967 wurde Isuf Sherifi in Tetova geboren, dort ist er aufgewachsen, dort hat er die Mittelschule, das Gymnasium abgeschlossen, dort hat er studiert, Literatur und albanische Sprache. Er war ein guter Schüler, ein solider, einer, der bereits in der ersten Klasse aufgrund seiner ausgezeichneten Noten gelobt wurde: «Damals war es so, dass man für herausragende Noten ein Buch geschenkt bekam. Ich habe das Rotkäppchen bekommen, seither bin ich mit Büchern eng verbunden.»

In seiner Studentenzeit jobbte er, einmal besuchte er sogar seine Schwester, die damals in der Schweiz arbeitete, und half fünf Wochen bei der Apfellese in Romanshorn aus. Für das Geld, das er bei seinen Studentenjobs erwirtschaftete, kaufte er sich mit den Monaten und Jahren eine kleine Bibliothek zusammen, «ich war ständig am Lesen, wenn ich Zeit dazu hatte».

Man sagt, lesen erweitere den Horizont, und wenn Isuf seinen Blick über diesen Horizont schweifen liess, blieb er oft an den Schattenrissen seiner Fernwehheimat Kosovo hängen. Und kam davon nicht los. Als aufgeklärter Student schloss er sich einer Untergrundorganisation an, die zum Ziel hatte, Kosovo zur Republik zu machen, weiterhin und noch ewig lang ein autonomer Teil innerhalb eines fremdgeführten Staates zu bleiben schien ihm eine Unmöglichkeit. Er hatte bereits einen Teil der Welt gesehen, wusste, dass es anders ging, und wollte dieses andere auch für sich und für die Seinen.

Flugblätter wurden geschrieben und verteilt, Aufklärungshefte vervielfältigt und unter die Leute gebracht, Häuserwände mit roter Farbe angeschrieben: Die Parole lautete einheitlich *Republik Kosovo*. Isuf und seine Brüder, seine Freunde und Gleichgesinnten, organisierten friedliche Demonstrationen und waren bereit, für ihre Idee alles zu geben. Die Gesellschaft sollte aus ihrem tiefen Schlummer aufgeweckt werden, jetzt oder nie. Es war 1989, als sich überall im kommunistischen Europa die Intelligenzija mit gezielten Aktionen zu Wort meldete, in Ungarn wurde zum paneuropäischen Picknick aufgerufen, in den baltischen Staaten Estland, Lettland und Litauen sang man laute Lieder, eine Bewegung, die als Singende Revolution in die Geschichtsbücher eingehen sollte, und jetzt also auch der Kosovo, *jetzt also auch wir.* Jetzt, das merkten auch Slobodan Milošević und seine Regierung und holten zum Gegenschlag aus mit den üblichen Mitteln der Machthaber, die ihr Reich bedroht sehen. Ihre Antwort war Gewalt. Ausgangssperren wurden verhängt, auf Verdächtigungen folgten Verschleppungen, auf Verschleppungen Untersuchungen in dunklen Kerkern, in die keiner Einsicht bekam, der nicht auf ewig bleiben sollte.

Dunkle Jahre

«Wir waren unterwegs und verteilten Flugblätter, als man mich verhaftete. Wir waren absichtlich erst nach acht Uhr abends losgefahren; wenn man dann jemanden auf der Strasse sah, wusste man, dass es der Gegner ist. Dummerweise war der Gegner bewaffnet, es war also ungünstig für uns.» Am 21. September 1989 dann wurde Isuf Sherif zu sechs Jahren Gefängnis verurteilt, ein Verdikt, das man später auf vier Jahre herabsetzte. 26 Monate sass er im Gefängnis, «davon fünf schreckliche Monate in Untersuchungshaft».

Es gab Einzelzellen, Sechserzellen, Achterzellen, mehr als zehn Menschen eingepfercht auf engstem Raum hat Isuf nicht erlebt. Während der Monate in Untersuchungshaft durften die Gefangenen eines Schlags in einem Hof jeweils für fünfzehn Minuten im Kreis gehen. «Das Gefängnis ist wie eine dunkle Quarantäne; man denkt immerzu ans Licht, an die Sonne und ans Licht.»

Später dann, als man Isuf in ein anderes Gefängnis verlegt hatte und er seine eigentliche Haftstrafe antreten konnte, gab es zweimal täglich eine Stunde Hofgang. Sechzig Minuten vormittags, sechzig Minuten nachmittags. Und auch Besuche waren wieder erlaubt, Kontakte zu seinen Eltern oder zu der jungen Studentin, die er kurz vor seiner Inhaftierung im Studentenwohnheim kennengelernt hatte, die ihm, der durstig gewesen war, ein Glas Wasser angeboten hatte. Er erfuhr, dass er und seine inhaftierten Kollegen als grosse Fische gehandelt wurden, politisch agitierte Pressepropaganda, ein erfolgreicher Coup für die damalige Regierung, und jeder sollte das wissen. So auch hatten Isufs Eltern von seiner Verhaftung Kenntnis erlangt. «Mein Vater und meine Mutter waren schon fast daran gewöhnt, obwohl man sich daran nie wirklich gewöhnen kann. Mein grösserer Bruder wurde zu fünfzehn Jahren verurteilt, mein kleinerer zu vier, als er noch nicht einmal achtzehn Jahre alt war; seit 1981 waren wir ständig mit der Regierung konfrontiert. Wir haben immer nach friedlichen Lösungen gesucht, bis dann Milošević an die Macht kam und Ex-Jugoslawien in Flammen setzte.»

Es waren europaweit bewegte Jahre. 1990 fiel die Mauer in Berlin, und der Wind der Demokratie wehte erstmals seit langen Jahren wieder ungehindert über verschiedene Staatsgrenzen hinweg. Vielen alten Machthabern schlug die neue Bise steif ins Gesicht, und nicht wenige spürten, dass ihre Zeit sich dem Ende zuneigte. Der letzte Präsident Jugoslawiens, Stipe Mesić, verhing als eine seiner letzten Amtstätigkeiten eine Gesamtamnestie für Gefangene, bei der nach und nach Inhaftierte freikamen, darunter auch der «albanische Nelson Mandela», Adem Demaçi, der volle 28 Jahre in Gefängnissen verbracht hatte. Diesem kosovarischen Schriftsteller und Unabhängigkeitsaktivisten fühlte sich Isuf verbunden, und so ging er, noch wackelig von seinem letzten Hungerstreik, selbst frei gelassen, als Erstes zu diesem. «Er war ein Idol für mich. Bei ihm verbrachte ich den ersten Abend in Freiheit, das war für mich ganz wichtig, denn es tat auch weh, fortzugehen, wenn man wusste, dass die eigenen Freunde noch immer im Hungerstreik hinter Mauern sassen. Wir wollten damals das Recht zurückerhungern, Zeitungen in der eigenen Sprache zu lesen; damals galt: Erlaubt war ausschliesslich Serbisch.»

Das neue Leben
Am nächsten Morgen aber war sein Vater mit der Schwester angereist, und zusammen fuhren sie von Priština nach Tetova in Mazedonien. Indes, auch diese Distanz vermochte das schale Gefühl nicht aufzulösen, das Isuf nach seiner Freilassung befallen hatte. «Ich sage nicht, dass die Zeit im Gefängnis schnell vorbeigegangen war. Aber wir alle kämpften für ein Ziel, und wenn man ein Ziel vor Augen hat, fühlt es sich besser an. Meine Kollegen und ich waren stolz darauf, für dieses Ziel zu kämpfen, und mit der Zeit spürte man ja auch, dass Veränderungen stattfanden, dass sich endlich etwas bewegte.»

Nicht lang und Isuf setzte sich auch in Mazedonien dafür ein, dass sich Menschenrechte verwirklichen liessen. Er stand einem Verein vor, der eng mit einem Menschenrechtsverein in Kosovo, welcher Adel Demaci präsidierte, verbunden war, und geriet erneut ins Fadenkreuz der Behörden. Als sich die Bedrohung zu stark anfühlte, flog Isuf «provisorisch in die Schweiz, ich wollte nicht allzu lange wegbleiben, ich sagte, nach zwei, drei Monaten kehre ich zurück». Meldungen aus Mazedonien und Kosovo aber sprachen gegen diese Rückkehr, und so kam es, dass aus dem im Dezember 1991 eingereisten Touristen bereits im März 1992 ein Asylsuchender geworden war.

«Ein Bekannter hat mir die Adresse gegeben und gesagt, ich solle da hingehen. Also bin ich nach Kreuzlingen gefahren und habe die Klingel des Empfangs- und Verfahrenszentrums gedrückt.»

Der diensthabende Betreuer hatte ihm die Tür geöffnet und ihn nach seinem Pass gefragt, und nach der ersten Aufnahmebefragung fand nach neun oder zehn Tagen der Transfer in den Kanton St. Gallen statt. «Auf meine Bundesbefragung in Bern musste ich zwei Jahre lang warten. Nach vier Jahren schliesslich kam der positive Entscheid, und ich wurde zum anerkannten Flüchtling.»

Für Isuf bedeutete das zuallererst, dass er vieles neu einordnen musste, zuerst in seinem Kopf und dann auch praktisch, Schritt für Schritt, jeden Tag aufs Neue. «Ich vermisste damals sehr vieles und viele. Besonders meine Eltern, sie haben viel für uns Kinder getan, und auf der anderen Seite haben sie sehr wenig Freude erlebt. Das war auch ein Thema, das mich stark beschäftigt hatte damals, dass wir für unser gutes Ziel so viel Leid verursachten.»

Zwei Faktoren, die Isuf in dieser Zeit der Angewöhnung und Neufindung halfen: seine Frau – die junge Studentin mit dem Glas Wasser in der Hand – und die Literatur. Für ihn ist die Literatur wie die Luft zum Leben, «aber auch wie Feuer und Wasser, es braucht ein stetes Gleichgewicht. Persönlich fühle ich mich wirklich viel gesünder und besser, wenn ich schreibe und mich mit Literatur befasse, es ist ein Fluss, der mich treibt und in dem ich schwimmen kann. Aber Literatur ist auch wie Feuer, man kann sich daran verbrennen, wenn man nicht Acht gibt.» Sein erstes Buch auf Albanisch hat Isuf Sherifi in der Schweiz veröffentlicht. «In Biel bei einem Verein, der gleichzeitig eine Druckerei war. Ich lebte damals noch im Asylzentrum, und mit viel Grosszügigkeit meiner Freunde, die mich unterstützt hatten, konnte dieses Buch

1992 erscheinen. Nach sechs Monaten waren die tausend Exemplare der Erstauflage bereits ausverkauft.» Es hiess Plisi, Die weisse Filzkappe, und erzählte von seiner Heimat.

Sein zweites Buch kam bei einem Verlag in Tirana, Hauptstadt der Republik Albanien, heraus. Es folgte eines bei einem Verlag in Priština und schliesslich eines bei einem Verlag in Tetova. Vier Bücher also, Gedichtbände und zwei Monografien, aber: «Hier zu leben und gleichzeitig ein Literat zu sein ohne Kontakte, das ist, als wäre man im Wald verloren. Ich suchte mehr, ich wollte den Austausch.»

2004 hat Isuf schliesslich das Projekt «Kuartet poetik/Ein dichterisches Quartett» realisiert. Ein zweisprachiger Lyrikband, albanisch-deutsch, der Gedichte der beiden St. Galler Schriftsteller Fred Kurer und Ivo Ledergerber mit den Gedichten des kosovarischen Poeten Mustafë Xhemaili und seinen eigenen Gedichten vereint. Mit seinem poetischen Quartett war er eine Woche lang von Literaturfestival zu Literaturfestival – auch über die Grenzen hinweg – unterwegs. «Das war der Anfang von allem, was nachher kommen sollte.» Seither verfolgt Isuf beständig literarische Projekte, lässt Schweizer Literatur auf Albanisch übersetzen und im Kosovo erscheinen, führt Dichterinnen und Poeten, Lyriker und andere Schreibende zusammen. «Ich mache auf jeden Fall weiter, vielleicht mache ich ab und zu eine kleine Pause, dann, wenn der Körper mit dem Geist nicht in Harmonie ist und sich eine neue Idee erst noch entwickeln will. Aber immer kommt dann ein Punkt, an dem ich merke, dass ich ohne Schreiben nicht mehr leben kann.»

Im Einsatz für die anderen
Im Dezember hatte Isuf als Asylsuchender an die Pforten der offiziellen Schweiz geklopft, im Dezember trat er Jahre später selber seine Arbeit im Asylwesen an. In der Zeitung hatte er damals gelesen, dass ein neues Zentrum eröffnet würde, da hatte er zum Hörer gegriffen und sich bei seinem eigenen ehemaligen Zentrumsleiter gemeldet. «Du hast zum richtigen Zeitpunkt angerufen», war die Antwort. Seit über zehn Jahren schon betreut Isuf Sherifi nun in der Schweiz Asylsuchende. Zuerst als Nachtwache, zwischenzeitlich als Rückkehrberater, dann als Betreuer und mittlerweile als ausgebildeter Fachmann mit Eidgenössischem

Fähigkeitsausweis, «meine Fähigkeiten sind damit nun auch irgendwie bestätigt».

Mit Menschen zu arbeiten, die in Not sind, hat für ihn eine grosse Bedeutung. Er hat beide Seiten erlebt, und als politisch Verfolgter hat er selber die Betreuung erhalten, die er nun seinerseits weitergibt.

Im ehemaligen Knabenheim Thurhof in Oberbüren finden bis zu hundert Asylsuchende Unterkunft. Sie werden bestmöglich geschult und beschäftigt. Nebst einem Bett und einem Schrank und drei Mahlzeiten pro Tag steht ihnen Deutschunterricht zu und der Besuch von halbjährigen internen Ausbildungsprogrammen. Während fünf Tagen pro Woche können sie an Fachunterricht teilnehmen und sich praktisch schulen lassen in den Bereichen Fahrradmechanik, Metallbearbeitung, Schneiderei und Küche. Damit wird ihnen die oft schwierige Wartezeit sinnvoll erleichtert, denn Arbeit, das ist auch im Thurhof bekannt, hilft, mit dem lokalen Boden zu verwachsen und damit Stabilität zu gewinnen.

Auch Isuf Sherifi fühlt sich gut und gesund im Schweizer Boden verwurzelt. Er hat seine schönsten Fähigkeiten zu starken Kompetenzen entwickelt, und die Arme seines Lebensbaumes treiben kulturell zweifarbige Blüten. Gerne erinnert er sich heute an sein allererstes Gedicht, mit dem er als Fünftklässler in Tetova den 2. Preis eines nationalen Lyrikwettbewerbes gewonnen hatte. «Bei uns wird der 8. März, der Tag der Frau, grad ebenso intensiv gefeiert wie hierzulande der Muttertag. Man schenkt Blumen, geht zu Besuch. Ich hatte damals ein Gedicht geschrieben und damit gesagt, ich schenke einen Vogel, der jeden Tag für die Mutter singt. Das war ein neues Element in einem Gedicht für eine Mutter; es war kurz und wirkungsvoll.»

Die Zeit ist begrenzt, und nicht alles, was in einem Leben gesagt werden will, kann auch ausgesprochen werden. Isuf ist einer, der wenig redet, dafür umso mehr tut. Als Blickrichtung für seine Taten hat er die Anderen gewählt, seine Frau, die eigenen Kinder, seine Herkunftsfamilie, Asylsuchende aus aller Welt, aktuell unbegleitete minderjährige Asylsuchende. Das Wohl der anderen im Blick knüpft er Freundschaften, setzt sich als verständnisvoller Betreuer ein und treibt den albanisch-schweizerischen Kulturaustausch voran. Vielleicht wird man dereinst den Wikipedia-Eintrag zu Tetova um seinen Namen erweitern, so dass Isuf Sherifi als wertvolle Ergänzung neben Blerim Džemaili, dem Schweizer Fussballspieler, Kadermitglied der Nationalen Elf seit 2006, unter der Rubrik Söhne und Töchter der Stadt zu stehen kommt. Dies allerdings ist keine Frage, die sich Isuf stellt; er ist viel eher damit beschäftigt, mit seinen Taten stillschweigend Antwort darauf zu geben.

Seit die Schweiz als Nicht-EU-Staat am 16. Oktober 2004 die vollständige Inkraftsetzung des gesamten Schengenrechts durch ihren Beitritt «zu Schengen» ratifiziert hat und seit am 12. Dezember 2008 die Grenzkontrollen tatsächlich weggefallen sind, bildet die Berührungslinie Schweiz–Liechtenstein zu Land und zu Wasser eine Schengener Aussengrenze. Während in ganz Europa die Türen von Zollhäusern im Wind klappern, wird die Grenzwache Liechtensteins mittels Monitoren und Streifen verschärft.

Regelbusse, die zwischen Sargans und Vaduz zirkulieren, werden stichprobenweise angehalten und von Grenzbeamten auf illegale Einwanderer überprüft, Unrechtmässige spornstreichs zurückgeschickt, denn individuelle Rückübernahmeabkommen mit den beiden Nachbarstaaten ermöglichen eine sofortige Überstellung. Man weiss: Schleppergelder haben sich seither vervielfacht.

Asylsuchende fallen aber nicht einfach so vom Himmel ins Land. Sie alle sind bei ihrer Einreise ins Fürstentum über den Boden eines Schengen-Landes gegangen, Österreich oder die Schweiz.

Und so sieht sich die konstitutionelle Erbmonarchie am jungen Rhein jährlich einer schwankenden Zahl von Asylsuchenden von 28 im Jahr 2008 bis 294 im Jahr 2009 gegenüber, die – über ein anderes Land eingereist – im Aufnahmezentrum für Asylsuchende Vaduz, inmitten der rund 36 000 Landeseinwohner, vorübergehend und für die Dauer ihres Verfahrens Schutz finden.

Asha Koshin,* Dolmetscherin

Aufnahmezentrum für Asylsuchende Vaduz, Liechtenstein

*geboren im Jahr 1962 in Kismaayo, Somalia
in der Schweiz seit 1990*

Beim Namen Asha Koshin handelt es sich um ein Pseudonym. Zum Schutz der eigenen Person bleiben Dolmetscherinnen und Dolmetscher anonym.

Der Rhein ist nicht das Einzige, was das Fürstentum Liechtenstein von der Schweiz trennt. Auch in Sachen Asylverfahren ist eine dünne Linie zwischen den Ländern gezogen, welche die unterschiedlichen Schwerpunkte besonders in der Anfangsphase deutlich hervorhebt. Während die Schweiz ein grosses Gewicht auf die persönlichen Gründe der Flucht legt, wird in Liechtenstein das Augenmerk vornehmlich auf die Fluchtroute ausgerichtet. Die Strukturen, die in Liechtenstein zur Verfügung stehen, reichen bei Weitem nicht aus, plötzlich anschwellenden Anstürmen, sogenannten Flüchtlingsströmen, rundum gerecht zu werden. Das erklärt zum einen, dass diese Strukturen immer wieder neu überdacht und kurzfristig erweitert werden müssen, und zum anderen, warum Liechtenstein auf Rückübernahmeabkommen besteht. Für diese wiederum ist die Klärung der Einreise ins Land zentraler Punkt der Befragung eines Asylsuchenden.

Im Jahr 2009, als Hunderttausende verzweifelte Somalierinnen und Somalier aus der Hauptstadt Mogadischu vor den Rebellen, vor Chaos und Anarchie flohen und internationale Hilfswerke aufschrieen, da die Strukturen nicht Stand zu halten drohten, wusste Europa – und inmitten dieses Europas: Liechtenstein –: Jetzt kommt etwas auf uns zu.

Wie stark aber Liechtenstein mit den Auswirkungen der Not an einem anderen Ende der Welt konfrontiert würde, vermochte damals noch niemand vorauszusehen. Und als sie dann da waren, plötzlich, wie über Nacht, Dutzende von asylsuchenden Afrikanern, zeigte sich das Ausmass der Situation, Schwarz auf Weiss. Die Zahlen liessen keinen Zweifel, Handeln war angesagt.

Das für maximal neunzig Personen angelegte Aufnahmezentrum Vaduz nahm über hundert auf, der Zivilschutzraum des Gymnasiums, die alte Zollwohnung in Schaanwald und das Postgebäude Bendern mussten als Unterkunft neu herhalten. Stellenprozente wurden aufgestockt, und die in der Schweiz seit über zehn Jahren in verschiedenen Bereichen des Asylwesens tätige Asha Koshin nach Liechtenstein geholt.

Was gilt
Asha Koshin war selbst einmal, vor vielen Jahren, aus Somalia geflüchtet. Obwohl ihre Flucht einen gänzlich anderen Weg genommen hatte als diejenige der meisten ihrer Landsleute, einen viel komfortableren auch, weiss sie, was diese Menschen antreibt. Als Dolmetscherin auf Abruf hört sie ihre Geschichten und wird regelmässig mit den Veränderungen und doch gleichbleibend verheerenden Zuständen in ihrem ehemaligen Heimatland konfrontiert. Denn in Somalia lodert das Feuer eines unübersichtlichen Bürgerkriegs, und das nun schon seit Jahrzehnten ungelöscht, ein Brandherd mit Dauercharakter; Somalia gilt als unzumutbar.

«Jedoch erhalten Somalier in der Schweiz und in Liechtenstein in den allermeisten Fällen nicht den Status eines anerkannten Flüchtlings. Einige werden vorläufig aufgenommen, von anderen wird die Heimreise erwartet.»

Anerkannt wird, wer glaubhaft nachweisen kann, dass er an Leib und Leben gefährdet ist oder dass er Nachteilen ausgesetzt ist oder begründete Furcht vor solchen hat – Nachteile wie Gefährdung der Freiheit oder unerträglicher psychischer Druck, wobei frauenspezifischen Fluchtgründen speziell Rechnung getragen wird – aufgrund der Rasse, Religion, Nationalität, Zugehörigkeit zu einer bestimmten sozialen Gruppe oder wegen einer besonderen politischen Anschauung.

«Ein Bürgerkrieg allein reicht da nicht aus. In einem Bürgerkrieg kann es wohl passieren, dass dir die Kugeln um die Ohren fliegen, dass man als Frau vergewaltigt wird, dass Fussballspielen auf der Strasse mit dem gewaltsamen Tod eines Kindes endet, aber das sind alles Gewalttaten, die nicht auf eine bestimmte Person allein ausgerichtet sind; *es ist nur ein Bürgerkrieg.*»

Ein vorläufig aufgenommener Flüchtling ist ein Mensch, dessen Flüchtlingseigenschaften wohl anerkannt werden, der jedoch aus einem bestimmten Grund kein Asyl erhält. Häufig sind sogenannte Nachfluchtgründe ausschlaggebend. «Die Person wurde zum Beispiel erst durch ihre Flucht zur verfolgten Person.» Ein vorläufig aufgenommener Flüchtling erhält eine Bewilligung F, die jedes Jahr verlängert wird. «Es gibt aber keinen Rechtsanspruch auf eine Niederlassungsbewilligung. Und sobald die Lage im Heimatstaat als zumutbar gilt, erlöscht der Status, und der Betreffende muss die Rückreise antreten.»

Bei mehreren Dutzend Fluchtgeschichten hat Asha gedolmetscht, von der Erstbefragung bis zum Integrationsgespräch, immer wieder wird sie nach Vaduz gerufen, denn im Aufnahmezentrum vermengt sich zu einem, was in Schweizer Strukturen getrennt gehalten wird: Empfangs- und Verfahrenszentrum, Durchgangszentrum, Unterkunft für unbegleitete minderjährige Asylsuchende und Rückkehrberatung – alles findet sich unter einem Dach.

Das Prozedere in Liechtenstein unterscheidet sich von der Vorgehensweise in der Schweiz demnach besonders bei der Erstbefragung. Ein Schwerpunkt wird klar auf die Untersuchung der Reiseroute gesetzt. Durch gezieltes Nachforschen soll ermittelt werden, via welches Land eine Person nach Liechtenstein eingereist ist. Es gibt Fristen, die eingehalten werden müssen, auf denen das Rückübernahmeabkommen basiert.

«Diese Haltung ist auf einer Seite auch verständlich. Ein Aufnahmezentrum, in dem alle gemeinsam untergebracht sind, bringt auch Schwierigkeiten mit sich. Das Zusammenleben kann problematisch werden, wenn Jugendliche und Erwachsene, neue und langjährige Bewohnerinnen und Bewohner sich die Küche teilen müssen, das Bad, den Gemeinschaftsraum. Liechtenstein sieht sich da mit einer ganz besonderen Herausforderung konfrontiert.»

Dolmetschen und Kultur vermitteln in einem
Wenn einmal klar ist, wer bleibt, erkennt Asha auch Unterschiede zur Schweiz, die sie begrüsst. Deutschunterricht wird von allem Anfang an grossgeschrieben, jede und jeder soll daran teilnehmen. «Wir haben ja

grundsätzlich ähnliche Kulturen in der Schweiz und im Fürstentum Liechtenstein. Aber in Sachen Deutschlernen hat Liechtenstein der Schweiz eindeutig etwas voraus. In der Schweiz kommt es noch immer darauf an, in welchem Kanton, in welcher Gemeinde ein Asylsuchender untergebracht ist; die Frage von Sprach- und Integrationskursen wurde meiner Meinung nach jahrelang verschleppt. Allmählich hat man nun auch in der Schweiz erkannt, was in Liechtenstein schon lange erfolgreich umgesetzt wird: die Menschen an die Sprache heranführen. Die Sprache zu verstehen ermöglicht auch einen Eintritt in die neue Kultur.»

Und auch die Arbeitsintegration funktioniere unbürokratischer, praktischer. «Sobald es Arbeit gibt, wird das den Asylsuchenden gesagt. Gartenarbeiten, Hilfe in der Restaurantküche, Reinigungsarbeiten – Arbeitsbewilligungen werden unkomplizierter erteilt, was sich positiv auf die Asylsuchenden auswirkt. Und auch auf ein funktionierendes Gesundheitswesen können sie zählen, eines, das sich ihrer Bedürfnisse annimmt. Das sind wohl die wichtigsten Punkte.»

Als Asha ihre Arbeit als Dolmetscherin in Vaduz aufgenommen hatte, musste sie für sich zuerst eine passende Rolle finden: Wie sollte sie diesen Menschen aus Somalia begegnen, denen sie so viel voraushatte und die ihrerseits voller Wut, Angst und Hoffnung in ihr eine Landsfrau vor sich sahen, die nicht klar einzuordnen war? Jede kleinste Geste konnte missverstanden werden, ihre Aussage, sie verstehe den gesprochenen Dialekt nicht gut, Misstrauen auslösen.

«In Somalia leben verschiedene Clans. Wir sprechen zwar alle eine Sprache, Somali, aber die Dialekte sind doch variabel. Ich merkte rasch, dass ich hier in einem hochsensiblen Bereich dolmetschte, und ich passte mich an, indem ich mir sagte: Wenn ich die Mama-Rolle übernehme, kann es klappen.»

Einer Mama bringt man Respekt entgegen, der Mama vertraut man. Und so trat Asha fortan als souveräne Frau auf, die in der Rolle der Mama ihre Schützlinge anleitet.

Nach dem Dolmetschen bleibt sie zumeist noch die eine oder andere Stunde im Heim, das zwischen Gefängnis und Polizeistation gelegen ist, und leistet Kulturvermittlungsarbeit. Von ihr, das weiss sie, lernen die Somalier schneller und leichter, sie kann ihnen Dinge sagen, die von einem Liechtensteiner ausgesprochen weniger gut ankommen würden. «Ich sage zum Beispiel auch: Du bist hierhergekommen, weil du etwas haben willst. Habenwollen allein genügt aber nicht, du musst auch bereit sein, etwas zu geben.»

Das fängt damit an, dass Asha die Bewohnerinnen und Bewohner des Heims dazu anhält, früh aufzustehen, gesund zu frühstücken, die Zeitung zu lesen, eine normale Tagesstruktur einzuhalten, nachmittags nach draussen zu gehen und frische Luft zu schnappen, spazieren zu gehen, auch wenn das nur in den abgemessenen Grenzen des Ländles erlaubt ist, Ordnung zu Heim und Sachen zu tragen, «die jungen Männer aus Somalia kennen das ja nicht, den eigenen Haushalt machen, sie hatten eine Schwester oder Mutter, die das für sie übernommen hat. Was für einen Liechtensteiner völlig normal ist, muss ich ihnen zuerst einmal beibringen. Man muss sie da ganz vorsichtig heranführen, bis sie merken, dass sie selber für Sauberkeit, Hygiene, Einkauf und Kochen, Wäsche und Abwasch verantwortlich sind.»

Integration, so Asha, funktioniert nur, wenn der neu Zugewanderte sich auch integrieren will. «Man kann einen Menschen, der sich nicht integrieren will, nicht dazu zwingen. Wenn ich meinen Landsleuten etwas dazu sage, dann wird das zumeist angenommen. Migranten lernen einfacher von Migranten, so sehe ich das.»

Vom Protegée zum Flüchtling

Asha wuchs in einer gut situierten Familie auf. Ihr Elternhaus stand in schönster Umgebung in unmittelbarer Nähe zum Regierungspalast in Mogadischu, ihre verschiedensten Verwandten waren mit einflussreichen Posten versehen, und ihr Vater pflegte freundschaftlichen Kontakt zu Papst Johannes Paul II., obwohl dieser römisch-katholisch war und jener Moslem.

«Der Papst nannte meinen Vater *l'uomo della lavagnia,* den Mann der Wandtafel, weil uns unser Vater beständig unterricht hatte. Bildung war ihm für seine zehn Kinder sehr wichtig.»

Er war es auch, der darauf bestand, dass seine Kinder auf unterschiedliche Schulen gingen, um so die Kolonialsprachen Italienisch, Englisch, Französisch zu erlernen. Im Hause Koshin herrschte ein babylonisches Sprachgewirr, jeder lernte von jedem, «er selber sprach sogar Russisch zu uns, aber das wollten wir nicht auch noch».

Ganz wie es in Somalia dem Brauch entsprach, traf der Vater die Entscheidung, welche Studienrichtung seine Kinder einzuschlagen hätten. Für Asha hatte er ein Medizinstudium vorgesehen. Mit achtzehn Jahren aber befand Asha, sei es der Fremdbestimmung genug, bei einem Verwandten, beamtet auf dem Migrationsamt, beschaffte sie sich die nötigen Papiere, und Asha haute kurzerhand ab zu einer Freundin nach Dubai.

«Mein Vater hat dann schon versucht, mich zurückzuholen, aber du kannst einen Menschen nicht gegen seinen Willen zum Flughafen schleifen. Mama hat zu ihm gesagt: Lass sie, sie will einfach nicht.»

Asha fand Arbeit bei einer italienischen Firma in Dubai und lebte rund zehn Jahre in den Vereinigten Arabischen Emiraten ihre frühe Unabhängigkeit. Als sich in ihrer Heimat die Zeichen für Sturm mehrten, als Asha erfuhr, dass ihr Onkel einen Putsch gegen die Regierung plante und als die Somalische Botschaft in Abu Dhabi Asha damit drohte, sie zurückzuschicken, erinnerte sie sich an das Land ihrer Kinderferien – Skitouren über weiss beschneite Berge –, und sie besorgte sich ein Touristenvisum, ein Flugticket der Swissair und reiste in die Schweiz.

«Ich dachte, das sei nur vorübergehend. Nach drei Monaten ging mir allmählich das Geld aus, und ich sprach als Asylsuchende vor. Nach elf Monaten brach dann der Krieg aus, und meine Geschichte hat sich als wahr herausgestellt. Ich wurde anerkannt und bin geblieben.»

Seither hat sich das Land nie mehr beruhigt. Ashas Familie lebt zerstreut, quer über den ganzen Erdball: in Kanada, Frankreich, Italien, Kenya und in der Schweiz. Zurück nach Hause will sie nicht mehr. «Was soll ich in einem Land, in dem ich jeden Tag mein Leben riskiere, wenn ich auf die Strasse gehe? Mittlerweile bin ich in der Schweiz zu Hause, ich empfinde die Schweiz als meine Heimat, ich bin von hier.»

In der Schweiz daheim
Ein-, zweimal pro Woche kocht Asha noch Gerichte aus Somalia, ihren Kindern hat sie die Somalisprache beigebracht, und der Tee wird ge-

süsst und mit zerstossenen Kardamomkapseln aufgekocht, das ist in etwa alles, was ihr von ihrer Kultur geblieben ist.

Und die Erinnerungen. An das Meer, das immer warme Wetter. Die Spontaneität, mit der jede Gelegenheit zum Fest wurde, die Haltung der Eltern, keinen Gast ohne Essen wieder nach Hause zu schicken, «auch arme Familien hatten immer etwas Mehl und Zucker, daraus lassen sich die besten Süssspeisen herstellen. Keiner ging je hungrig».

Die Eingewöhnung an die neuen Umgangsformen in der Schweiz empfand Asha als nicht allzu schwer, sie war ja schon jahrelang fort von zu Hause, hatte sich in den Vereinigten Arabischen Emiraten bereits mit anderen Gewohnheiten auseinandergesetzt. Ihren ganz persönlichen Kulturschock erlebte sie dann aber doch in der Schweiz. «Bei uns war klar, wenn du Kinder zu Gast hast, die mit deinen eigenen Kindern spielen, dann bittest du die fremden Kinder mit an den Tisch, sobald du gekocht hast. Als mein Sohn das erste Mal von den Nachbarn nach Hause geschickt worden war, weil die Familie Abendessen wollte, waren wir wie vor den Kopf gestossen. So etwas kannten wir nicht. Das fehlt mir ein bisschen, dass man nirgends spontan Kaffeetrinken gehen kann. Bei uns probiert man es einfach, ist jemand zu Hause, gut, wenn nicht, auch kein Schaden. Es war einfach schön, diese ganze Zeit zum Plaudern zur Verfügung zu haben. Hier ist alles unter Druck, jeder Tag ist durchstrukturiert, man verabredet sich miteinander weit im Voraus und trägt den Termin in der Agenda ein. Aber, ehrlich gesagt, ich kann es mir anders auch gar nicht mehr vorstellen.»

Der Föderalismus und die Schweiz, Organisationsprinzip der Eigenständigkeit. Im Grossen wie im Kleinen.

In den Gemeinden zeigt sich daher auch eine besondere Vielfalt, was Integrationsangebote für Migrantinnen und Migranten anbelangt. Private und öffentliche Projekte, auf Vereins-, kommunaler oder Kantonsbasis, am einen Ort mehr, am anderen weniger, finden ihre stärkste Ausprägung nicht selten dort, wo jeweils die grösste Not herrscht. Vielleicht ist dies ein Urschweizer Relikt – wenn es den Urschweizer denn je gegeben haben sollte.

Wirksam tätig unterstützen Fachpersonen Asylsuchende und anerkannte Flüchtlinge, besuchen sie im Durchgangsheim, in der Gemeindewohnung, auf ihrer Arbeitsstelle oder in der Schule und amtieren oft als Schleusenreiniger, wenn der Fluss zwischen dem Eigenen und dem Fremden zeitweilig verstopft ist.

Deniz Tufan Kodalak, Migrationsfachfrau

Sozialzentrum Höfe, Pfäffikon SZ

geboren 1970 in Basel
in der Schweiz seit Geburt

Sechs Jahre sind es, dass Deniz Tufan Kodalak im Sozialzentrum Höfe arbeitet. Angefangen hatte sie als Sekretärin in der Sozialberatung, und seit Juni 2010 darf sie sich Migrationsfachfrau nennen, ein neuer Titel, ein anerkannter Beruf mit eidgenössischer Berufsprüfung; für Deniz Tufan Kodalak viel mehr als das: «Migrationsfachfrau – das *bin* einfach ich.»

Als sie damals ihre Stelle als Sekretärin angetreten hatte, teilte sie sich den Dienst am Besucherschalter mit ihrer Arbeitskollegin, die für das Asylwesen zuständig war. Oft hörte sie so die Gespräche mit, erfuhr von den Sorgen und Nöten der Asylsuchenden und wünschte sich mehr über deren Geschichten zu erfahren: «Das Leben dahinter, das hat mich fasziniert.»

Die Auszahlungstermine alle zwei Wochen, die Telefonate mit der damaligen Fremdenpolizei, die Koordinationsarbeit mit dem Bundesamt für Migration, all das wirkte wie ein Magnet auf Deniz, und wenn sie ab und zu für eine Asylsuchende, die aus dem Irak stammte und etwas Türkisch konnte, übersetzte, jubelte ihr Herz, «ich wollte einfach meinen Teil geben, und hier konnte ich das».

Obwohl man sie explizit nicht wegen ihrer Türkischkenntnisse angestellt hatte, wurden diese doch immer wichtiger. Und als ihre Arbeitskollegin nach einem längeren Auslandaufenthalt eine eigene Familie gründete und ihre Stelle im Asylbereich schliesslich kündigte, war klar, wer den Job übernehmen würde: Deniz stand schon in den Startblöcken.

Es zeigte sich, dass dieser interne Wechsel für alle Beteiligten das Richtige war. Wo es früher eher zu Missverständnissen kommen konnte, erkannten die Asylsuchenden in Deniz eine Mittlerin. Vorwürfe, die unüberlegt in Richtung Rassismus gezielt hatten, blieben aus, weil diese neue Person am Schalter so gar nicht mit Rassismus in Verbindung gebracht werden konnte mit ihrem unschweizerischen Aussehen.

Schalterdienst als Schnittstelle zur Integration
Ruhiger sei sie, langsamer auch, bedächtiger, wenn sie Ausländer vor sich habe. Im Vergleich zur Schweizer Klientschaft, mit der sie zügig umgehen könne, «weil ein Schweizer Klient selber oft auch zügig auftritt, Deutsch als Muttersprache spricht und nur kurz eine Auskunft braucht oder ein Formular abgeben will», lege sie bei den ausländischen Schalterbesuchern grossen Wert darauf, den Fragestellenden zu signalisieren, dass man sich Zeit lassen kann. So geht sie Satz für Satz voran, prüft, ob ihr Deutsch verstanden wird, weicht wenn nötig auf Englisch oder Französisch aus oder, wie bei den Eritreern, auf Italienisch, ein Relikt aus der Kolonialzeit, das besonders bei der älteren Bevölkerung dieses Staates noch immer als Nationalsprache verankert ist.

Immer wieder greift sie auf ihre Spezialsprache zurück, die *Deniz-Sprache,* die mit Händen und Füssen und Mimik und einzelnen Begriffen klärt, fragt und bedeutet. So existieren in diesem Notwortschatz wichtige Zeichen für zum Beispiel «Doktor», «Warten» oder «Telefonieren», und nur wenn gar nichts mehr geht, wird ein Übersetzer beigezogen. Zumeist springt ein Asylsuchender ein, der über bessere Deutschkenntnisse verfügt als der Bittsteller selbst, und nur ab und zu wird eine Übersetzerin des Dolmetscherdienstes der Caritas angefordert.

Die meisten Anliegen, mit denen die ausländischen Frauen und Männer an den Schalter kommen, betreffen die Schule, dann die Arbeit, und als Drittes Fragen zur Gesundheit. Deutsch lernen und mit der hiesigen Bevölkerung das Gespräch aufnehmen, Zeitungsmeldungen und Plakate verstehen, Informationsblätter lesen zu können, das sind grosse Anliegen der meisten.

Viele von ihnen kommen aus dem Durchgangszentrum Degenbalm in Morschach und haben zum Teil erst wenige Worte zur Verfügung, mit denen sie sich verständigen können; die Möglichkeit, im Bezirk Höfe den Deutschunterricht zu besuchen, wird überaus geschätzt.

Überhaupt bietet der Umzug von einem Durchgangszentrum in eine Wohnung einen grossen Schritt auf ihrer Reise, ihrem Postenlauf von Station zu Station durch das Asylland Schweiz. Endlich kann so etwas wie Geborgenheit aufkommen, gestärkt durch eine etwas grössere Selbstständigkeit, auch dank der Möglichkeit zur Arbeit.

Arbeit für Asylsuchende?

Die Homepage des Sozialzentrums Höfe spricht deutliche Worte, und sie bringt es auf den Punkt: «Asylsuchende, so will es das Gesetz, dürfen im Aufenthaltskanton einer Arbeit nachgehen. Es muss sich aber um eine Tätigkeit handeln, in welcher Mangel an Arbeitskräften herrscht. Solche Beschäftigungen – Arbeiten, die keinem Schweizer oder anderen Arbeit wegnehmen – versuchen wir immer wieder zu vermitteln und sind dabei auf die Hilfe von Schweizer Unternehmen angewiesen» (Abruf 30.6.2010). Dass das nicht ganz einfach ist, hat Deniz bald gemerkt. Im Ersten Arbeitsmarkt sind kaum Stellen zu finden für Menschen mit einem laufenden Asylverfahren. Ausländern mit einer Aufenthaltsbewilligung F steht der Erste Arbeitsmarkt zwar grundsätzlich offen, seit der Volksabstimmung vom 24. September 2006 hat sich ihre Chance auf Erwerbstätigkeit erheblich gebessert, da seither neu auch vorläufig aufgenommene Personen das Recht haben, unabhängig von Wirtschaftslage und Marktsituation einer Erwerbstätigkeit nachzugehen, aber die Arbeitgeber, welche die Mühen der Bürokratie auf sich nehmen, um für einen Menschen mit F Status eine Stelle bewilligt zu erhalten, sind rar, im Kanton Schwyz sogar sehr rar.

«Und da sprechen wir ja nur von den Menschen, die einen F-Ausweis besitzen, diejenigen mit einem N-Status haben es grad noch einmal schwieriger.»

Also hat das Sozialzentrum Höfe kurzerhand selber ein Beschäftigungsprogramm ins Leben gerufen, das seit 2009 erfolgreich am Laufen ist. Mittels intensiver Vernetzungsarbeit gelingt es Deniz immer wieder, Kurzeinsätze für Asylsuchende zu organisieren. Ihre Ansprechpartner sind sämtliche Bereiche des öffentlichen Dienstes – Schulen, Gemeinden, Werkhöfe, Pflegeheime, Verwaltungen –, und die Aufträge reichen von der Mithilfe beim Uferunterhalt, über das Säubern von Spielplätzen bis hin zum tatkräftigen Mitanpacken bei Umzügen von

Büroräumlichkeiten öffentlicher Dienste. Aktuell säubern zwei Asylsuchende einmal wöchentlich den Vitaparcours, räumen die Geräte von heruntergefallenen Ästen frei, wischen das welke Laub auf, üben sich im so typisch schweizerischen «Fötzele» und lernen dabei gleichzeitig etwas über die Schweizer Kultur. «Viele stellen mit einem gewissen Erstaunen fest: Ah, hier ist es aber sauber! Den Hintergrund zu dieser Sauberkeit im öffentlichen Raum, dass es in der Schweiz sogar Berufsausbildungen für den Bereich Reinigung gibt, müssen sie als Konzept erst kennenlernen.»

Diejenigen, die eine Stelle haben, die ihren Lebensunterhalt sichert, dürfen ihren Lohn behalten; diejenigen, deren Lohn für ein finanziell eigenständiges Leben nicht ausreicht, bekommen eine Motivationszulage; alle anderen, sprich: Asylsuchende ohne Stelle, müssen mit 14 Franken pro Tag auskommen.

Integrationsleistung nach zwei Seiten

Integration ist nicht etwas, das einfach so passiert, Integration erfordert immer eine Leistung. Je nachdem Anpassungsleistung, Selbstüberwindung, aktives Ausprobieren, ein Sich-Öffnen, eine Bewegung von beiden Seiten; von nichts kommt nichts, das hat Deniz gelernt, und zwar sehr früh in ihrem Leben. Ihre Eltern, beide Türken, lernten sich auf einem Urlaub kennen. Die Mutter lebte damals bereits in der Schweiz, der Vater kam nach. Ein Jahr darauf kam Deniz in Basel zur Welt. Als sich später die Eltern trennten, wuchs die Tochter zuerst bei ihrem berufstätigen Vater auf; Kinderkrippen aber waren zu der Zeit ein Thema, das in der Schweiz stiefmütterlich behandelt wurde, und so kam Deniz mit zwei Jahren in ein von katholischen Nonnen geführtes Heim. Die nächsten vier Jahre über sollte ihre Erziehung eine katholische sein und ihre Sprache des täglichen Lebens Deutsch. Wohl hatte sie sich gefühlt, geliebt und behütet, «alles wurde uns ganz lieblich beigebracht. Gott ist überall, und Gott ist Liebe, das hat mich sehr geprägt.»

Als dann plötzlich ihre Mutter vor ihr stand und sagte, die Zeit sei gekommen, da Deniz ihre eigene Kultur, ihre eigene Sprache und ihre eigene Religion kennenlernen müsse, fiel sie aus allen Wolken. Und prallte an einer neuen Welt voller fremder Regeln erst einmal ab. Kein einziges Wort Türkisch sprach sie und versuchte sich fortan mit Händen und Füssen mitzuteilen. Erfolglos, die Grossfamilie, zu der sie nach Solothurn gekommen war, bestand aus sechs fremden Menschen: ihre Grosseltern, zwei Tanten, zwei Onkel und dazwischen sie. «Es war ein Kulturschock für mich. Drinnen, in der Vierzimmerwohnung, in der wir lebten, war die Türkei, und draussen war die Schweiz.»

Die ganze Familie hatte denn auch ein eigenes Arbeitskonzept: Wer arbeitete, legte seinen Teil in eine Gemeinschaftskasse, mit der man eines fernen Tages in der Türkei ein Haus kaufen und zurückkehren würde. So war der Plan. Und Deniz lernte. Ab der zweiten Schulklasse meldete sie sich im Türkischunterricht an, den sie einmal wöchentlich besuchte, ab der fünften Klasse ging sie selbstständig in die Moschee. «Ich werde es euch zeigen. Ich werde euch zeigen, dass ich meine Sprache kann, dass ich meine Religion kenne und dass ich mich in unserer Kultur sicher bewegen kann», das und nicht weniger war die Leistung, die sie als Kind vollbrachte, um die Akzeptanz zu spüren, die sie sich wünschte. «Gleichzeitig musste ich in der Schweizer Gesellschaft beweisen, dass ich auch hier dazugehöre. Ich wollte auch hier akzeptiert werden: Ich sehe zwar anders aus als ihr, aber ich kann gleich denken und reden wie ihr.»

Nicht selten passierte es, dass Deniz als kleines Kind eine fremde Hand in ihrem lockigen Haar spürte, «ein Kind fragt man nicht, da greift man einfach zu», oder dass sie im Einkaufsladen Stimmen hörte, wie: «Jö, lueg, was isch ächt das für eis …?»

Baum mit zwei Wurzelsträngen

Heute fühlt sich Deniz als Baum mit zwei Wurzelsträngen. Nicht so sehr verankert, das ist ein Bild, das für sie nicht stimmt, weil ihr in diesem Bild die Bewegung fehlt. «Ich bewege mich in beiden Kulturen, pendle hin und her. Mal brauche ich etwas mehr von diesem, mal etwas mehr von jenem; das hole ich mir dann.»

Sehr stark spürt sie ihre Wurzeln im Türkischen, aber auch mit der Schweizer Kultur erlebt sie sich als klar verbunden, «ich habe eben beides, meine ganz persönliche Kultur: eine Deniz-Kultur».

Von der Schweizer Kultur hat sie allem voran die Freiheit übernommen. Denken können, was man will, sagen können, was man denkt, und dennoch akzeptiert sein, das ist ein Wert, den sie in der Schweiz ganz stark empfindet. «Ich weiss nicht, ob das Schweizer Kultur ist oder ob man das in diesem Land einfach kann, aber es ist auf jeden Fall etwas, das die Leute hier manchmal gar nicht mehr realisieren.»

Zwei Jahre hat sie in Istanbul gelebt und auch dort bewiesen, dass sie Teil des Ganzen ist. Was sie aus ihrer türkischen Kultur in die Schweiz einbringt, das ist die Wärme, ist die Nähe, ist die Gastfreundschaft. Ihre Tür steht immer offen. «In der Schweizer Kultur macht man abends seine Türe zu, das ist zwar das Individuelle, was ich an der Schweiz auch schätze, dennoch weisst du in der Türkei, wenn es um die Wurst geht, steht dir fast jede Türe offen, da ist man füreinander da, da denkt man nicht an sich, dann ist es das Wir, das zählt.»

Diesen Wert also bringt Deniz ganz bewusst in ihre Beziehungen zu Menschen hier in der Schweiz mit ein. Sei es, dass eine Freundin Trost braucht, Hilfe bei einem Umzug oder ein Asylsuchender bei einem plötzlichen Spitalaufenthalt eine Dolmetscherin, die Deniz-Kultur verbindet das Schweizerisch-Zielstrebige mit dem Türkisch-Hilfsbereiten. Und gerade diese Verbundenheit macht sie ganz.

Als dann die Möglichkeit bestand, dieses ihr ganz eigene verbindende Wesen auch beruflich leben zu dürfen, war sie zur Stelle, und als Jahre später das Bundesamt für Berufsbildung und Technologie BBT zusammen mit dem Bundesamt für Migration BFM einen neuen Beruf schuf, «Migrationsfachfrau/-mann», war für sie das Ziel gesetzt.

Im Traum der Grosseltern gross geworden, man würde dereinst zurück in die Türkei auswandern, war ihr das Erlernen eines Berufs als Jugendliche verwehrt geblieben. Wozu sollte das Kind auch eine Ausbildung machen? Man verstand es einfach nicht. Wozu noch diesen Zeitverlust, wenn man doch ohnehin bald zurück in die Heimat gehen würde? Ein Dilemma, bei dem Deniz das Spannungsfeld zwischen ihren beiden Kulturen ganz stark erfuhr.

«Manchmal habe ich mich schon gefragt, ob man mir in der Schweiz eher Verständnis entgegengebracht hätte, wenn ich einen etwas dramatischeren Hintergrund gehabt hätte. So aber hiess es oft: Du hättest ja eine Ausbildung machen können, du bist ja hier gross geworden.» Verständnis für meine besondere Situation aufbringen, das gelang nur den wenigsten.

Jung Mutter eines Sohnes und einer Tochter geworden, bildete sich Deniz schliesslich berufsbegleitend weiter, absolvierte die Handelsschule, dann einen Lehrgang zur Arztsekretärin, machte einen Fachkurs *Sachbearbeitung im Sozialbereich,* die Ausbildung zur Qigong Lehrerin, und immer spürte sie: Das ist es noch nicht. Erst als sie von der eidgenössischen Berufsprüfung zur Migrationsfachfrau Wind bekam, war klar, das wäre die Luft, mit der sie ihre Segel spannen könnte.

Die Sache mit der Schweinegrippe
Und ihr Schiff ist gut in Fahrt. Erfolgreich betreut sie die Asylsuchenden, hilft bei der Organisation der Wohnunterkünfte mit, organisiert pro Wohngruppe einen Hauswart oder eine Hauswartin – auch das eine Möglichkeit für Asylsuchende, bei einer späteren Arbeitssuche eine günstige Referenz vorweisen zu können.

Rund 120 Personen sind dem Bezirk Höfe zugeteilt, für sie alle muss Unterkunft gefunden werden, ein Thema, das auch an Sitzungen stets aktuell besprochen wird. Die meisten Liegenschaften können nur befristet gemietet werden, dann muss wieder eine neue Lösung her, ein leer stehendes Bürogebäude im Industriegebiet, eine Wohnung, ein Haus. Zur Zeit gibt es zum Beispiel ein «Somaliahaus» mit fünfzehn Personen aus Somalia und ein «Eritrea-Haus» mit sieben Personen aus Eritrea sowie einzelne Wohnungen für Familien und auch ein Haus, in dem die Bewohner aus den unterschiedlichsten Ecken und Enden dieser Welt zusammenfinden.

Als in der Schweiz die Schweinegrippe ausbrach, nahm das Deniz zum Anlass, die Häuser einzeln zu besuchen und über Krankheitsprophylaxe zu berichten, Integrationsarbeit live. Dabei kam es zu einem «heiteren Erlebnis: Als ich um zehn Uhr früh im Somalia-Haus eintraf, musste ich jeden Einzelnen erst einmal aufwecken. Es war Fastenzeit und man war gar nicht erbaut darüber, dass jetzt eine Gesundheitslektion anstand.»

Es entspann sich in etwa der folgende kleine Dialog:
«Schweinegrippe? Wir Moslems essen keine Schweine!»
«Nein, es *heisst* nur Schweinegrippe.»
«Wir essen kein Schwein, wir berühren kein Schwein, darum stecken wir uns auch nicht an!»

«Es geht nicht ums Schweineessen sondern um Hygiene!»

Zwei Stunden ist Deniz geblieben, hat erklärt und Bilder gezeigt und zum Schluss Seifen verteilt.

Als sie eine Woche später nachschauen ging, waren die Seifen verschwunden. «Ich habe sie dann in den Schränken gefunden und mit meinen Ausführungen noch einmal von vorne begonnen.»

Manchmal braucht es eben Zeit, bis Verständnis erwachsen und Integration in ein neues System stattfinden kann. Zeit, Verständnis, guten Willen und immer natürlich auch: Interesse. «Fremd ist nur das, mit dem man nicht in Berührung kommt.»

Und dafür ist Deniz Tufan Kodalak da, um diese gegenseitige Berührung möglich zu machen.

Ahmed Aly, freiwilliger Helfer

Projekt «eins zu eins», Kanton Graubünden

geboren 1970 in Kairos Altstadt, Ägypten
in der Schweiz seit 2003

«Die Welt ist ein Garten, und wir sind Äpfel, Bananen, Knoblauch, Wassermelonen – verschieden voneinander, und es muss so sein. Wir brauchen uns alle, alle haben etwas zu bieten. Die Schweiz vor zwei-, dreihundert Jahren hatte nichts zu bieten, und jetzt so viel. Das ist die Vielfalt der Welt. Einer hat jetzt nichts zu bieten, irgendwann aber schon. Man muss nur warten.»

Der so spricht heisst Ahmed Aly, stammt aus einem der ärmsten Viertel Kairos, dort, wo nie ein Touristenfuss sich hinverirrt, dort, wo Ziegen, Hühner und anderes Getier die Dächer der eng verschachtelten Häuser bewohnen, dort, wo man von dem lebt, was der Tag zu bieten hat, Prinzip Selbstversorgung, Ahmed weiss, was das mitten in einer Grossstadt bedeutet.

Eines der ärmsten Viertel Kairos, das heisst aber auch, eines der Viertel, wo Hilfe eine Lebensnotwendigkeit ist, ohne die keine Nachbarin, kein Nachbar lange überlebt. Was dort zählt, ist die Gruppe, die Familie, Freunde und Verwandte, Menschen wie du und ich, die mehr miteinander als nebeneinander leben. Einmal pro Monat kam die Grossmutter vorbei, die auf dem Land wohnte, und brachte Gemüse, Früchte, Geld für jeden. Dieses Umfeld hat Ahmed geprägt.

«Ich weiss, man sagte mir einmal in der Laufbahnberatung St. Gallen, ich hätte eigentlich Pfarrer werden sollen. Das fand ich sehr lustig. Aber ja. Ich mag es gerne, Menschen zu helfen.»

Seit Ahmed in der Schweiz ist, hilft er anderen. Von Beruf Hotelfachmann und zurzeit tätig als Butler in einem der letzten wirklich grossen Grand Hotels, hat er sich nie nur mit dem Beruf allein zufrieden gegeben. 42-, 44-, 46-Stundenwoche, das liess ja noch genügend Zeit, sich weiter zu betätigen. Auf der Website www.benevol.ch erkundigt er sich jeweils über Einsatzmöglichkeiten in seiner Gegend. Und meldet sich als Freiwilligenarbeiter. In verschiedenen Kantonen hat er schon gelebt, in verschiedenen Kantonen geholfen. Ging mit Blinden wandern und half Sans-Papiers, sich im Schweizer Versicherungswesen zurechtzufinden. «Ich war damals zwischen zwei Stellen und dachte mir, ich muss irgendetwas tun, also habe ich eine Stelle gesucht und gleichzeitig als Freiwilligenarbeiter Einsätze geleistet.»

Vom Burschen zum Ägyptologen zum Hilfskellner
Bei ihm sei das so: Arbeit ist ein Gutes, keine Arbeit ist ein Schlechtes. Wer also arbeitet, geniesst Ansehen, gewinnt Selbstvertrauen und verdient Respekt. Selbst der Reiche soll nicht auf seinem Geld sitzen bleiben, selbst er soll etwas tun.

Sein erstes Geld verdiente Ahmed mit zwölf. In den vier Monaten Sommerferien schickte ihn sein Vater arbeiten, «als armes Kind, was kann man da machen, ich konnte ja nicht einfach vier Monate lang spielen».

Sein Vater kannte jemanden, der wiederum jemanden kannte, und so kam Ahmed das erste Mal in den Dienst eines anderen, servierte Tee auf silbernen Tabletts in einem Laden, war Bursche geworden in einem Shop, und von seinem ersten Gehalt schleppte er eine riesige Wassermelone auf seiner Schulter mit nach Hause. Während seiner Jugendzeit hat er so die verschiedensten Jobs gehabt, er hat bei einem Goldschmied gearbeitet, auf dem Basar Teppiche verkauft und jede Gelegenheit ergriffen, wenn sie sich ihm bot. Da Studieren kostenbefreit war und da Ahmed am Beispiel seines eigenen Vaters, der weder Lesen noch Schreiben je gelernt hatte, täglich sah, wie wichtig Bildung für ein selbstständiges Leben und um wie viel härter und zuweilen beinahe unmöglich die Stellensuche für einen Illetristen ist, hat sich Ahmed an der Universität von Kairo eingeschrieben und ein Studium in Ägyptologie absolviert. Ihn interessierte vor allem «der Anfang. Alles hat hier begonnen, in Ägypten. Der erste Künstler, der erste Ingenieur, der erste Mediziner, der erste Mathematiker – alles Ägypter. Die erste nachgewiesene Herstellung von Wein und Bier – wo? In Ägypten. Und warum heisst Papier *Papier* oder auf Englisch *Paper*? Weil die Alten Ägypter den Papyrus erfunden hatten. Das alles hat mich fasziniert, und ich musste einfach in unsere alte Geschichte eintauchen, um mehr zu verstehen.»

Nach dem Studium dann aber die grosse Leere. Wer stellt in Ägypten schon einen Ägyptologen ein? Es war nicht so, dass die Welt auf ihn gewartet hatte, das merkte Ahmed schnell. Also überlegte er, was er tun könnte. Mit seinen guten Englischkenntnissen, fand er, könnte er wohl doch in den Tourismus einsteigen.

Seinen ersten Tag im neuen Feld erlebte er hektisch und unübersichtlich. Alle anderen Kellner schwirrten umher wie Ameisen, und Ahmed hatte keine Ahnung, was von ihm verlangt war. Also faltete er erst einmal die Serviette ordentlich über seinen Unterarm und begrüsste die Gäste, wie er es aus Filmen kannte ...

Mit der Zeit kamen andere Anstellungen in der Hotellerie, kamen Schulungen und interne Weiterbildungen, ein Arbeitsaufenthalt in Dubai, der drei Jahre dauerte, der Aufstieg im Hotelfach. Es zeigte sich für Ahmed, dass er gut mit Menschen umgehen konnte, dass es ihm Freude bereitete und Befriedigung gab, für andere da zu sein und sich für deren Wohlbefinden einzusetzen.

Wieder zurück in Ägypten dann eine neue Wende. Ahmed hatte seine heutige Ex-Frau kennengelernt, eine Schweizerin, und war mit ihr kurzerhand nach Zürich geflogen. Beide suchten sie nun eine Stelle, um das gemeinsame Leben zu beginnen, und innerhalb der ersten vierzehn Tage war Ahmed fündig geworden. «Zuerst wollten sie mich nicht im Hotel Marriott. Der elfte September war noch immer prägend, und mir, einem neu zugewanderten Ägypter, gab man nicht einfach so einen Job. Man erlaubte mir lediglich, meinen Lebenslauf einzureichen. Noch am selben Tag rief mich dann aber das Hotel an. Es war ein Zufall, dass ein alter Bekannter, mein Ex-Boss aus Dubai, auch dort arbeitete. So kam ich zu einer 100 Prozent-Stelle noch vor meiner Schweizer Frau.»

Seither hat Ahmed in den unterschiedlichsten Häusern gearbeitet und die unterschiedlichsten Positionen innegehabt, das Hotel ist sein zweites Zuhause geworden, egal, wo auf der Welt. Und weil es ihm so gut ging, er ist kein Kind von Traurigkeit – «dunkle Stimmungen bleiben bei mir nie lange, ich lache viel und mache weiter» –, hat er sich immer schlau gemacht, wo er welche seiner Fähigkeiten als Freiwilligenarbeiter am besten einbringen kann.

Das Projekt «eins zu eins»

Im Jahr 2009 initiierte der Regionale Sozialdienst Chur zusammen mit dem Roten Kreuz Graubünden das Projekt *eins zu eins*. Das Projekt vermittelt zielorientierte und zeitlich befristete Freiwilligeneinsätze zur Verbesserung der Integration von anerkannten Flüchtlingen und vorläufig aufgenommenen Personen, die in den Zuständigkeitsbereich des Sozialamtes fallen. Denn damit Integration gelingt, braucht es mehr als nur einen Ausländerausweis. Es braucht vor allem am Anfang konkrete Unterstützung, Begleitung in die neue Kultur, auch Arbeitskultur.

Im Projekt *eins zu eins* stehen Freiwillige den Flüchtlingen zur Seite, leisten Hilfestellung zur Selbsthilfe und befähigen sie dadurch, ihre eigenen Handlungskompetenzen zu erweitern. Zudem kann eine gelungene Integration die Dauer der Abhängigkeit von der Sozialhilfe verkürzen, wodurch wiederum öffentliche Gelder gespart werden, das weiss auch die Projektleitung des Roten Kreuzes Graubünden; das Angebot der sozialarbeiterischen Interventionen wird durch die vielfältigen Hintergründe der Freiwilligen bereichert, ergänzt und intensiviert. Alltagsintegration wie zum Beispiel das Aufzeigen von sinnvollen Freizeitbeschäftigungen, Hilfe bei Fragen zu Schule und Erziehung oder bei der Wohnungssuche sowie aufklärende Unterstützung beim Umzug gehören ebenso in den Dienstleistungskatalog wie das Aufzeigen von Möglichkeiten einer gesunden Ernährung bei geringen finanziellen Mitteln oder konkrete Hilfe bei der Stellensuche.

Als Ahmed von diesem Projekt im Internet las, war für ihn klar, dass dies ein Bereich ist, in dem er für sich Zufriedenheit erlangen kann.

«Hilfe bei der Stellensuche! Mit meiner eigenen Erfahrung als Stellensuchender in der Schweiz – ich war zweimal kurz arbeitslos – und vor allem mit meinem Migrationshintergrund kann ich mich gut in beide Seiten einfühlen. Ich habe also eine E-Mail an die Projektleiterin geschrieben und ging mich vorstellen.»

Damals war er noch der einzige Ausländer, mittlerweile arbeiten drei Deutsche und eine Österreicherin mit im Team von insgesamt 21 Helferinnen und Helfern.

Kompetenzorientiert werden diese pro Klient ausgewählt und in drei Grossregionen des Kantons Graubünden eingesetzt. Im Jahr 2010 sind dieserart rund 500 Stunden Freiwilligenarbeit geleistet worden. Die Erstbesprechung zwischen einem Helfer und einem Klienten findet jeweils im Büro des jeweiligen Sozialdienstes statt. Dabei geht es ums gegenseitige Kennenlernen und um die Besprechung der Massnahmen, darum, wie die Ziele erreicht werden können. Alle weiteren Treffen organisiert Ahmed so, dass er vorzugsweise zu den Klienten nach Hause fährt, «ich will nicht, dass die auch noch ein Zugbillet kaufen müssen, wenn sie ohnehin schon erwerbslos sind».

Ahmed macht die Erfahrung, dass er bei diesen Treffen nicht nur konkrete Hilfe bei der Umsetzung leisten muss, sondern dass es in erster Linie auch um das Vermitteln von Motivation geht. «Wenn ein Flüchtling endlich als Flüchtling anerkannt ist und eine Stelle sucht, wenn er wieder und wieder abgelehnt wird und einfach nichts findet, wenn dann das Sozialamt seinen Minimalbedarf deckt, dann gibt das einen Lerneffekt, der nicht nur gut ist. Hier ist es wichtig, dass ich den Klienten den Weg aufzeige, den sie tatsächlich gehen können. Ich meine, ein Flüchtling, was will er hier arbeiten? Er will nicht als Professor, er will nicht als Arzt arbeiten; er ist schon froh, wenn er die einfachste Arbeit erhält, und es gibt viele Schweizer, die genau diese einfachste Arbeit nicht machen wollen. Das passt also zusammen. Und wenn einer dennoch Uni-Professor werden will, dann muss er eben mit dieser einfachsten Arbeit beginnen und daneben an die Uni studieren gehen, bis er selber ein Professor ist.»

Es sind also auch Realitäten, die Ahmed in den Vordergrund seiner Beratung und Begleitung stellt. Er selbst hat diese Realitäten hier erlebt; sein Studium, das er an den Originalschauplätzen erfolgreich absolviert hat, in persönlicher Kenntnis jeder Ausgrabungsstätte viele der berühmten Artefakte vor Ort besichtigt, gilt hier nichts. Im Vergleich zu anderen, die ihr Wissen aus Büchern und dem Internet ziehen, bringt Ahmed Lehrjahre am Originalschauplatz und echte Feldforschung mit. Des ungeachtet musste er feststellen, dass in der Schweiz sein Abschluss wertlos ist. «Manchmal nimmt man das locker, manchmal macht es einen wütend. Aber die meisten Klienten sind realistisch genug.»

Vom Durchbrechen von Spiralen

Es ist nicht nur so, dass die Klienten von Ahmed etwas lernen, er lernt auch viel von ihnen. Er lernt ihre Kultur kennen, ihr Denken, manchmal erfährt er auch etwas über den Weg, den sie zurückgelegt haben. «Menschen, die hierherkommen als Flüchtlinge, haben sehr grosse Probleme hinter sich gelassen, Krieg, Armut, Leid. Ich sehe Menschen, die mit sehr alten Schiffen über das Meer kamen, die es geschafft haben, während andere dabei ihr Leben verloren. Menschen, die als Flüchtlinge in die Schweiz kommen, sind nicht einfach negativ. Sie suchen eine neue Chance. Es gibt ja auch die grossen Firmenbosse in der Schweiz, bei Banken, Versicherungen, in der Industrie, welche aus dem Ausland kommen. Diese kommen, obwohl sie in ihren Herkunftsländern, Deutschland, Amerika, Schweden, viele Chancen hatten, aber sie wollen noch mehr. Es ist ein Paket, und man muss beide Seiten akzeptieren. Meiner Meinung nach ist ein Mensch, der alles aufgibt, um hier ein neues Leben zu beginnen, bereit, sehr viel dafür zu tun. Aber dann kommt dieser Schock: Man will ihn nicht. Was jetzt? Zurück kann er nicht, und wenn er keine Arbeit findet, keinen Einstieg in die Selbsterhaltung, dann kommt die Zeit der Erniedrigung, der Enttäuschung, und schliesslich die Gewöhnung ans Sozialamt. Und genau dafür bin ich da, damit diese Spirale unterbrochen werden kann. Dafür setze ich mich ein.»

Finanziert wird das Projekt *eins zu eins* vom Roten Kreuz Graubünden, dem Amt für Polizei und Zivilrecht sowie vom Kantonalen Sozialamt. Die Bilanz zeigt Erfreuliches. Nicht nur, dass es gelingt, die Klienten bei ihrem Einstieg in die Arbeitswelt zu begleiten, es findet auch gegenseitige Befruchtung statt, Brücken werden geschlagen und Beziehungen aufgebaut, die tragen. Gerade in Bezug auf den Arbeitsmarkt ein unerlässliches Puzzleteil: Wer andere Menschen kennt und sich vertrauensvoll mit ihnen austauschen kann, erfährt auch viel eher von freien Stellen, muss sich also nicht mehr nur auf den Stellenmarkt im Internet oder der Zeitung verlassen.

«Mit meinem letzten Klienten gehe ich bestimmt noch einmal Kaffee trinken. Er hat nun eine Stelle als Hilfsarbeiter in einem Lager, und er ist sehr, sehr glücklich darüber.»

Speziell für diesen Klienten war der Einstieg hart gewesen, als Ältester von fünf Geschwistern, alles Flüchtlinge, deren beide Elternteile gestorben waren, konnte er nicht weiter die Schule besuchen, wie er es sich gewünscht hätte, sondern trat in die Arbeitswelt ein. Er musste viele Träume einstweilig begraben und seine Zukunftsideen hinunterschlucken, um seinen Beitrag zur Ernährung der Familie zu leisten.

«Diese Beispiele gelangen nicht in die Zeitung, über sie schreibt keiner. Dafür lesen wir von Ausländerkriminalität und Drogendelikten en masse. Und wir vergessen dabei, dass achtzig, vielleicht neunzig Prozent der Ausländer, die hier leben, vielleicht noch mehr, legal leben wollen. Sie kommen nicht hierher, um kriminell zu sein, sie sind auch nicht kriminell geboren, es ist oft die Umgebung, die sie kriminell macht. Man sieht leider in der Schweiz zu oft nur dieses eine Resultat, anstatt dass man sich über dessen Ursache Gedanken macht. Das ist schlimm, das macht die Menschen hier auch ängstlich.»

In Ägypten gibt es einen Spruch: Es gibt zwei Wege, wie du dein Ohr berühren kannst. So: rechte Hand ans rechte Ohr – oder so: rechte Hand über den Kopf hinweg ans linke Ohr. «Sich über den Grund der Kriminalität Gedanken zu machen, wäre eigentlich der einfachere Weg.»

Integration gelingt demnach dann gut, wenn das aufnehmende Land auch Chancen bietet, zu arbeiten, seinen eigenen Platz zu finden.

Die Schweiz und ihre Ausländer

Seit bald einem Jahr nun ist Ahmed Aly beim Projekt «eins zu eins» dabei. Und wenn es nach ihm ginge, hätte das Projekt nicht nur ein Kontakttelefon, eine Kontakt-E-Mail-Adresse, sondern ein ganzes schönes, grosses Gebäude als Anlaufstelle, zu der die Menschen kommen könnten, die Hilfe brauchen. Seine Vorstellung treibt Blüten, und bald schon entsteht ein blühender Garten von Ideen und erstrebenswerten Möglichkeiten, eine Welt des Miteinanders. Also doch ein bisschen der Pfarrer? «Ich bin in Ägypten geboren. Aber niemand hat mich gefragt, wo willst du geboren werden, welche Sprache willst du sprechen. Niemand hat mich gefragt, welche Religion willst du haben, welche Hautfarbe? Niemand hat mich gefragt, aber ich bin in dieser Umgebung geboren, ich habe das alles einfach geerbt. Und ich versuche, das Beste daraus zu machen. Ich glaube, dass jeder Mensch, egal in welchem Land der Welt, gleich tickt. Ich habe nicht die Wahl, wo ich geboren werden will, er hat auch nicht die Wahl. Warum soll ich besser sein als er oder er besser als ich?»

Einmal, als Ahmed auf der Post seine Einzahlungen machen wollte, stand vor ihm eine alte Dame in der Schlange, die ihrerseits ihre Einzahlungen machte. Sie hat zwei-, dreimal über die Schulter zu ihm nach hinten geguckt. Ahmed spürte, dass sie von Angst befallen wurde. Als er selber seine Zahlungen erledigt hatte und nach draussen ging, sah er die alte Dame in eine Ecke gedrückt warten; sie wollte schauen, wohin er ging und damit sicherstellen, dass er ihr nicht folgte. Was sollte er tun?

«Das hat mir wehgetan. Aber ich muss es auch verstehen. Sie hat Angst, und vielleicht denkt sie, ich will sie überfallen. Sie darf das denken, und ich darf aber auch weitergehen.»

Mittlerweile sieht die alte Dame Ahmed Aly fast jeden Tag, sie weiss, wo er arbeitet, sie ist ruhiger geworden bei der zufälligen Begegnung im Ort.

«Das also hat sich geändert. Und das zeigt, glaube ich, auch ein bisschen die Beziehung zwischen der Schweiz und ihren Ausländern.»

Zymrije Sylejmani, Sozialberaterin

Fachstelle für die Beratung und Integration von Ausländerinnen und Ausländern FABIA, Luzern

geboren im Jahr 1958 in Gjyrishec, autonome Provinz Kosovo, Sozialistische Föderative Republik Jugoslawien; heute: Republik Kosovo in der Schweiz seit 1985

Gjyrishec war damals ein Dorf, durch das die Kinder barfuss rannten. In der freien Zeit beschäftigten sie sich mit dem, was ihnen die Natur zuspielte, einem besonders krummen Stöckchen, ein paar glatten Steinen, dem klaren, hellen Wasser im Bach, das immer so lustig gluckste, wenn man es mit Händen und Füssen staute, und das einen in heissen Sommern erfrischen konnte wie nichts anderes auf der Welt. Die Mädchen trugen ihre langen Haare zu kunstvollen Zöpfen geflochten, die Jungen jagten ihnen hinterher, da war Lachen, da war freudiges Kreischen in der Luft, und abends erzählte die Mutter Geschichten, über die man nachts in Träumen schwelgen konnte.

Das Leben war voller Wagemut und Abenteuer, die Natur, die Zymrije Sylejmani umgab, Sicherheit und Wildnis zugleich. Ihre Vorfahren jedenfalls mussten den Boden mehrmals umpflügen, bis zwischen den Steinen und der trockenen Erde Weizen hochgezogen und in den Häusern Pita gebacken werden konnte. Das Leben hätte für Zymrije grad ewig so weitergehen können, wäre da nicht die Tatsache gewesen, dass sich die Welt um sie veränderte. Mit elf Jahren musste sie mit ihrer Familie in die Stadt Kamenicë umziehen, da ihr Vater dort Arbeit hatte und ihr Heimatdorf die höheren Schulklassen nicht anbot. Zum ersten Mal kam sie nun mit anderen Nationalitäten in Kontakt, und zum ersten Mal erlebte sie Ungerechtigkeit. «Zu der Zeit ging es äusserst rassistisch zu und her. Wir Kosovo-Albaner hatten fast keine Rechte, und in der Schule, bei Wettbewerben und Spielen, mussten wir immer verlieren. Wir wurden anders benotet als die serbischen Mädchen und Jungen; ich empfand diese Ungleichbehandlung als sehr grausam und war oft wütend.» Tätliche Angriffe auf dem Pausenhof oder auf dem

Schulweg waren keine Seltenheit, «unser Leben in der Stadt hat mir überhaupt nicht gefallen».

Alles kommt anders als geplant

Zymrije biss auf die Zähne und hielt durch. Ihren Abschluss machte sie in Kamenicë, und, kaum achtzehnjährig, heiratete sie einen Wirtschaftsstudenten und zog zu dessen Familie nach Priština, wo sie ein Studium der albanischen Sprache und Literatur aufnahm. Ihre Zukunft sah sie klar vor Augen: in Priština bleiben und später unterrichten, etwas anderes wäre ihr damals nicht in den Sinn gekommen.

Aber die Zeiten für die Kosovo-Albaner verdüsterten sich weiter und schneller als erwartet: Als politisch aktiver Kosovo-Albaner wurde ihr junger Mann von den Behörden gefasst und zu fünf Jahren Gefängnis verurteilt und quer durchs Land jeweils von Strafanstalt zu Strafanstalt, von Priština nach Prizren, von Prizren nach Zenica, von Zenica nach Foča und wieder anderswo hin verlegt, was insbesondere auch die unermüdlichen Besuche seiner Frau erschweren sollte. «Um es ihm leichter zu machen, war ich stark. Ich wollte ihn mit meiner eigenen Schwäche nicht zusätzlich belasten. Damals hatte ich gemerkt, wie viel Stärke in einem Menschen liegt, wenn einen Liebe motiviert. Er tat mir unermesslich Leid, er hatte eine grosse universitäre Karriere vor sich stattdessen schmorte er in Kerkern.»

Es waren harte Jahre der Entbehrung, in denen Zymrije ihr Studium mit der Unterstützung ihrer Schwiegereltern erfolgreich abschloss und schliesslich als Sprachlehrerin für die Schüler der fünften bis achten Klassen ihre erste Arbeit aufnahm. «Viele Möglichkeiten hatte ich damals nicht, mit einem aus politischen Gründen inhaftierten Mann blieben mir die meisten Türen kategorisch verschlossen. Meine Idee, als Journalistin zu arbeiten, musste ich fallenlassen. Ich empfand es mehr und mehr schwierig, meinen Weg weiter zu gehen.»

Als ihr Mann nach abgesessener Haftzeit endlich wieder freikam, fühlten sich beide noch immer bedroht. Einen erneuten Gefängnisaufenthalt wollten sie nicht riskieren, und da insbesondere auch Zymrije politisch aktiv geworden war und für einen unabhängigen Kosovo demonstrierte, lag mit einem Male die Entscheidung nahe, für ein paar Monate zu verschwinden. Frankreich hätte es sein sollen, Paris, als sie mit der Eisenbahn von Priština nach Milano fuhren und dann weiter bis nach Genf. Damals, 1985, war das Reisen noch einfacher und nicht zu vergleichen mit den Strapazen, die Kosovo-Albaner 1999 während des Kosovokrieges auf sich nehmen mussten, «wir reisten mit ganz ‹normalen› Reisepapieren, waren gewissermassen als ‹Touristen› unterwegs».

In Genf dann war es, dass Zymrijes Mann überlegte: Die Schweiz, eine Demokratie, das wäre doch die sicherere Lösung für Asyl, am besten gleich die Innerschweiz. Und so kam es, dass die beiden im Dezember 1985 beim Amt für Migration in Luzern anklopften und ihre Lage schilderten. Drei Monate später bekamen sie politisches Asyl und die Aufenthaltsbewilligung B.

Ein schwerer Anfang

«Ich wollte zuerst gar nicht bleiben. Ich war traurig, hatte starkes Heimweh und wusste mit mir selber hier in der Schweiz zu Beginn kaum etwas anzufangen. Die Sprache wollte ich nicht lernen, die Menschen kennenlernen – wozu? Alles, was ich wollte, war zurückkehren.»

Es ist ein Unterschied, ob man freiwillig sein Heimatland verlässt, weil man vielleicht ein Studium in einem anderen Land aufnimmt, oder ob man fliehen muss. In Zymrijes Fall blieb ein Teil ihrer Seele zurück, und diese brauchte Zeit, um nachzukommen. Immer wieder fragte sie sich: «Was wird aus mir?»

1989 hatte Zymrije dann eine Arbeit als Codiererin auf dem Bahnpostamt Luzern aufgenommen. Zusammen mit einer Arbeitskollegin musste die eine abwechslungsweise Pakete korrekt zurechtlegen, damit die andere den Code erfassen konnte, alle dreissig Minuten war Wechsel, das Ganze in Schichtarbeit. «Schichtarbeit war wichtig, weil wir hier ja nicht wie zu Hause eine Mutter, Schwiegermutter oder Schwester für die Kinderbetreuung hatten. So haben mein Mann und ich uns in der Schichtarbeit zeitlich ergänzt, damit immer jemand von uns auf den Sohn aufpassen konnte.»

Ab August 1990 konnte sie in Hitzkirch albanische Sieben- bis Fünfzehnjährige in ihrer Heimatsprache und Kultur unterrichten. «Das hat mir seelisch sehr geholfen und Kraft gegeben.»

Bereits zu Beginn ihrer gemeinsamen Zeit in der Schweiz war dem Paar klar, dass sie sich finanziell unabhängig machen wollten. Gerne hätten beide weiterstudiert und sich das Studium verdient, «aber damals fehlten uns so viele Informationen, wir hätten gar nicht gewusst, wie wir das alles hätten anpacken sollen».

Als Zymrije merkte, dass ihr das Bahnpostamt nicht genügte, entschied sie sich endlich, einen Intensiv-Deutschkurs zu besuchen. Danach hat sie bald schon angefangen, als Dolmetscherin zu arbeiten: Die Caritas, Betreiberin der Notunterkunft Eigenthal, stellte ihr einen Arbeitsvertrag als Klassenlehrerin aus. Es war eine sehr bewegte Zeit, der Kosovokrieg war in vollem Gange, neue Flüchtlingsströme erreichten die Schweiz, und Zymrije war überall im Einsatz, fuhr mit ihrem Auto von Gemeinde zu Gemeinde und setzte sich bei Ämtern, Anwaltskanzleien, Ärzten für Asylsuchende ein. Täglich sah sie das Elend der Flüchtlingskinder, die aus ihrem eigenen Heimatland stammten, erkannte, dass sie traumatisiert waren, und bot ihre Unterstützung an. «Ich dachte mir: Um Gottes Willen, was machen diese Kinder hier! Und wusste, dass ich ihnen irgendwie helfen musste.»

Anderen helfen und zugleich selber heil werden

Viele waren verstört und geistig abwesend, einige weinten oft völlig unvermittelt, und andere waren wiederum anderswie auffällig. Zymrije improvisierte mit alten Möbelstücken ein Schulzimmer in der ehemaligen Militärbaracke und brachte diesen Kindern als Erstes einmal die eigene Sprache – und bei Traumata: überhaupt das Sprechen – bei. Ihr unermüdlicher Einsatz in diesem anspruchsvollen Umfeld belastete sie, besonders wenn sie hörte, wie es um ihre alte Heimat stand, aber für ihre Seele bedeutete ihre neue Arbeit auch so etwas wie Frieden, weil sie nun in ihrem Beruf, Lehrerin, tätig sein konnte. «Noch immer aber war ich auf der Suche nach meinem eigenen Platz, einem Ort, an dem ich meine eigene Integration gestalten konnte. Ich wünschte mir eine feste Stelle mit Kolleginnen und Kollegen.»

Einmal den Einstieg in das Asylwesen Schweiz gefunden, folgten für Zymrije die Mitarbeit bei Quartierprojekten, Frauenprojekten, Gemeindeprojekten, immer mit dem Ziel, den Zugewanderten und Schutzsuchenden die Integration zu erleichtern. Dass es für eine erfolgreiche Integration beide Seiten braucht, wusste sie. Und so erschien im September 2001 die erste Ausgabe von «Leben in Emmen», einem dreisprachigen Informationsblatt der Integrationskommission Emmen, zu deren Team sich Zymrije mittlerweile zählte. Auf Deutsch, Albanisch und Serbokroatisch wurde die Gemeindebevölkerung monatlich mit wichtigen integrationspolitischen Nachrichten versorgt, als Beitrag zu gegenseitigem Verständnis und Annäherung.

Berufsbegleitend finanzierte sich Zymrije nun einen Nachdiplomkurs in Interkultureller Mediation, danach die Ausbildung in Interkultureller Animation, und kürzlich absolvierte sie den Lehrgang zur Migrationsfachfrau.

Seit Oktober 2002 ist sie mit einem 50-Prozent-Pensum als Sozialberaterin bei der Fachstelle für die Beratung und Integration von Ausländerinnen und Ausländern FABIA in Luzern fest angestellt und hat nicht nur ein eigenes Büro, sondern auch Arbeitskolleginnen und -kollegen, «hier zu arbeiten bedeutet für mich ein grosses Glück».

Der politisch und konfessionell unabhängige Verein FABIA ist als Kompetenzzentrum Integration im Kanton Luzern und Nidwalden tätig. Seine Mitarbeitenden begleiten und befähigen gemäss Leitbild Einzelpersonen, Gruppen sowie private und öffentliche Institutionen und Organisationen zu einem Zusammenleben und setzen sich für die Integration von Zugewanderten ein. Vernetzung, Koordination, Prozessarbeit und Vermittlung sind nur einige wenige Farbpunkte auf der breiten Palette, die FABIA abdeckt. «Die Themen, zu denen wir unsere Beratung, Begleitung oder auch Triagierung anbieten, reichen von Fragen zu sozialen Einrichtungen, häuslicher Gewalt, Sucht, Wohnen, Schulsystem, Familiennachzug, Pensionierung, Konversation bis hin zu kulturellem Austausch oder Elternbildung. Einfachere Fragen betreffen die Auswahl eines geeigneten Deutschkurses, anspruchsvollere zum Beispiel den Umgang mit häuslicher Gewalt und Wege aus der Gewaltspirale hinaus.»

Ein Rucksack aus der Heimat
Manche Menschen benötigen mehr Hilfe und Unterstützung als andere. Viele kommen nur ein- oder zweimal vorbei und gehen dann mit schwungvollen Schritten eigenständig weiter, sobald sie die nötige Information zu ihren Anliegen haben. Aber es gibt auch die, die mehrfach

kommen, die sich für eine längere Weile begleiten lassen und erst hernach sicheren Fusses fortschreiten. «Einmal gelang es mir, mit einem Paar eine erfolgreiche Mediation durchzuführen. Sie trafen tatsächlich eine tragfähige Abmachung, wie sie mit Ärger und Frustration in Zukunft umgehen wollten.»

Ein anderes Beispiel erzählt von einer Frau aus Syrien, die von ihrem Ehemann, nachdem sich herausstellte, dass sie keine Kinder bekommen konnte, abgelehnt und geschlagen worden war. Besonders schlimm war, dass der Ehemann seine Ehefrau auf der Gemeinde abgemeldet hatte, «als sei sie nicht mehr existent. Sie fiel in schwere Depressionen, und mit ihr habe ich wirklich Knochenarbeit geleistet.» Zymrije wendete viel Zeit für sie auf, um sie bei ihren Versuchen in ein selbstbestimmtes Leben zu begleiten. «Als Erstes gingen wir gemeinsam auf die Einwohnerkontrolle und machten diesem Unfug ein Ende! Wo gibt es denn so etwas, dass eine Person abgemeldet wird, die nicht selber vorspricht; ich war wirklich sehr verärgert.»

Nach langem Zureden begab sich die Frau dann in Therapie und erarbeitete sich neuen Boden unter den Füssen. Sie liess sich scheiden, lernte Deutsch, bekam eine Stelle, bezog eine eigene Wohnung, «da ich heute nichts mehr von ihr höre, darf ich annehmen, dass es ihr jetzt gut geht».

Zu Zymrije kommen vorwiegend Frauen und Männer, die aus dem Kosovo stammen, aus Sri Lanka oder aus der Türkei. Aber ganz egal, wer ihr gegenübersitzt, Zymrije sieht in erster Linie einen Menschen in Not und nicht eine Angehörige oder einen Angehörigen einer bestimmten Nation. «Ich bin stolz darauf, dass es mir gelingt, so professionell zu arbeiten. Ich hatte ja auch während meiner Schuljahre in Kamenicë Freundinnen, die Serbinnen waren, wieso also sollte ich hier plötzlich einen Unterschied machen?»

Zur Zeit gelangen zahlreiche Hilferufe an sie, da das Bundesamt für Migration bei über 2000 betroffenen Albanern aus den sogenannt exjugoslawischen Staaten die Aberkennung der Flüchtlingseigenschaft und den damit einhergehenden Entzug des Asyls überprüft. «Diese Briefe sind mitten im Sommer verschickt worden, die meisten sind in den Ferien und haben so nicht die Zeit, fristgerecht zu reagieren und Beschwerde einzulegen.»

Die Aberkennung des Status als Flüchtling bedeutet zwar nicht unweigerlich eine Wegweisung aus der Schweiz, aber diejenigen, die es trifft, da ihre Länder wieder als vor Verfolgung sicher gelten, müssen sich zumindest für neue Reisepässe aus ihrem Heimatland bemühen; der vorhandene B- oder C-Ausweis ist nicht in Frage gestellt.

Trotzdem gibt es auch die wenig erfreulichen Fälle, dass jemand tatsächlich nach Jahren des Aufenthaltes in der Schweiz des Landes verwiesen wird. Zymrije betreut momentan einen Fall eines Familienvaters, der nach über zwanzig Jahren Leben und Arbeiten in der Schweiz den Bescheid erhalten hat, er müsse das Land verlassen. Seine Frist ist verstrichen, und der Mann ist noch hier. Hintergrund zu dem Verdikt bilden die letzten Jahre, die er Sozialhilfe empfing: Artikel 62 des Strafgesetzbuches besagt, dass der Widerruf von Bewilligungen im Falle von Sozialhilfe erlaubt ist. Zymrije schätzt seine Aussichten, trotz Anwalt, nicht rosig ein. «Es gibt immer wieder Menschen, die gehen müssen. Und besonders bei Menschen aus Sri Lanka beobachte ich, dass sie viel länger als andere jeweils auf ihre C-Bewilligung warten müssen. Jedes Jahr, wenn sie ihre B-Bewilligung erneuern lassen, werden sie auf Herz und Nieren geprüft, sie haben einen Strafregisterauszug beizubringen und müssen sowohl über ihre finanziellen als auch über die Wohnverhältnisse Auskunft geben.»

Klientengeschicke, die Zymrije besonders hernehmen, bespricht sie im Team oder in der Supervision.

Zusammen mit ihrem Mann, der eine dreijährige Ausbildung zum «Gewaltberater©/Gewaltpädagogen©» nach dem «Hamburger Modell» bei Joachim Lempert absolviert hat, übernimmt Zymrije einen wichtigen Teil der Integrationsarbeit von Zugewanderten. «Vielleicht ist das bei uns einfach als Anlage vorhanden. Bereits früher, zu Hause im Kosovo, haben wir uns stets für das Wohl des Kollektivs eingesetzt, wir wollten, dass die Menschen dort alle die gleichen Rechte hatten. Wir sind es gewohnt, uns für andere zu engagieren, es ist wie ein gut gepackter Rucksack, den wir in unsere Arbeit einbringen.»

Seit ihrer Flucht vor über zwanzig Jahren hat Zymrije ihr Heimatdorf nicht mehr gesehen. Als anerkannter Flüchtling ist ihr die Reise zurück nicht erlaubt.

Mittlerweile hat sie ein Einbürgerungsgesuch bei ihrer Wohngemeinde gestellt, damit sie auch bei Wahlen und Abstimmungen mitdenken, mitwirken und bei politischen Entscheidungen teilnehmen kann und weil sie, wie sie es ausdrückt, ihren Platz gerne an jemanden abtreten möchte, der es nötiger hat. Sie empfindet sich und ihre Familie als rundum integriert. Ihr Sohn ist mittlerweile erwachsen und arbeitet als Versicherungsberater.

«Wenn ich jeweils aus Deutschland oder Frankreich zurück in die Schweiz komme, bin ich immer erleichtert und froh, hier zu sein. Es ist ein gutes Gefühl und ich fühle mich wohl.»

Einzig was sie vermisst, ist die Nähe zur Natur. So möchte sie später gerne einmal aufs Land ziehen. Da, wo sie jetzt wohnt, hat sie keinen Garten, keinen Baum. Sie schmunzelt. Noch nicht. Bei einer Frau, die ihren Weg so beharrlich und zuversichtlich zu gehen versteht wie Zymrije Sylejmani, besteht am Gelingen dieses Vorhabens wohl kein Zweifel.

Ana Pellegrino-Jiménez, Familienbegleiterin

Jugend und Familienberatung Horgen
Familiencoaching

geboren im Jahr 1971 in Zürich
fest in der Schweiz seit 1992

Dass sie Deutsch lerne, war ein Anliegen ihrer Mutter: «Du musst während der Schwangerschaft intensiv zur Schule gehen», hatte diese gesagt und damit offene Türen bei Ana eingerannt. Für Ana war ohnehin wichtig, dass sie mit den Menschen ihrer Wahlheimat kommunizieren konnte, ihr zukünftiger Ehemann, halb Spanier, halb Italiener, war in der Schweiz aufgewachsen, und all seine Freunde und Freundinnen sprachen Deutsch, da wollte Ana nicht hintanstehen und auf ein gelegentliches «Hola» beschränkt bleiben.

Neun Monate lang büffelte sie Deutsch in der Sprachschule, vier Stunden an fünf Tagen pro Woche, das gab ihr die Basis. «Ich habe beinahe in dieser Sprachschule mein erstes Kind geboren», und als es dann da war, hat sie mit einer guten Freundin ihres Mannes, die nur gerade drei Wochen nach ihr ebenfalls einen Sohn bekommen hatte, die Nachmittage auf den Spielplätzen, im kühlen Waldtobel oder am Küsnachter Horn verbracht. Die beiden sind beste Freundinnen geworden, und die Behelfssprachen Italienisch und Französisch wurden immer unwichtiger: Im Kontakt mit einer Vertrauten lernten sich auch komplizierte deutsche Wörter schnell.

Star im Film des eigenen Lebens
Anas Geschichte böte Stoff für angehende Soap-Autoren: eine herzerwärmende Love Story im Umfeld von weiss Berockten, mit einem berückenden George Clooney in der Hauptrolle und einer lebensfrohen und vor Fröhlichkeit strotzenden Penelope Cruz an seiner Seite. Dramatik, Rebellion, äussere Widerstände und der Sieg der Liebe – nur, dass ihre Geschichte keine Soap ist, sondern ihr ganz normales Leben,

das sie noch keine zwanzig Jahre alt hierher, in die Schweiz, verschlagen hat. Aber der Reihe nach.

«Ich bin als Spanierin in der Schweiz geboren. Meine Eltern hatten bereits seit dreizehn Jahren als Migranten hier gelebt, und als ich drei war, sind wir alle zurück nach Spanien gereist.» Das war 1974, in einer Zeit, als Francisco Paulino Hermenegildo Teódulo Franco y Bahamonde Salgado Pardo, kurz: Franco, gebrechlich und gesundheitlich angeschlagen war und Spaniens Bevölkerung sich allmählich wieder getraute, die Lungen mit frischer Luft zu füllen, um die Schrecken der Diktatur auszuatmen, «man konnte anfangen, Spanien wieder zu geniessen».

Mit dem Ersparten eröffneten Anas Eltern in Südspanien eine kleine Cafeteria. «So bin ich in Spanien aufgewachsen und gross geworden.»

Eine Kindheit und Jugendzeit voller Blumenkleider, Tanz unter blühenden Bäumen und mit bunten Blüten im Haar.

Aber dann wurde Ana siebzehn, und Ana wurde schwierig. Keine Schule, die sie interessierte, keine Ausbildung, die sie packte, das Leben war viel zu schön, um zu arbeiten! Für Ana gab es nichts, nur das freie Leben unter einem weiten Himmelszelt, und nach einem anstrengenden Sommer voller Drang und Rebellion, Streit und Zank setzte schliesslich ihre Mutter einen Punkt und hielt fest: So einen Sommer – kein zweites Mal. Sie sagte zu ihrer Tochter: «Wie wäre es mit einem Job in der Schweiz? Da kannst du sparen und dir deine teuren Klamotten kaufen, da kannst du selbstständig sein und alleine wohnen …»

Alleine wohnen war alles, was Ana hörte, und sie sagte: «Sofort! Was muss ich tun?»

Die Koffer wurden gepackt, und ein erster Sommer als saisonale Aushilfe in der Uniklinik Balgrist bescherte Ana die Aufregung und neuen Eindrücke, die sie für ihr Temperament brauchte. Sie arbeitete als Ferienvertretung für Spanierinnen und Spanier, die für den Sommer nach Hause reisten, in der Küche, im Speisesaal, am Kiosk, und hauste in einem eigenen Zimmerchen im Personalhaus. Die Freiheit hatte also Ort und Namen bekommen: Zürich. Inneres und äusseres Erleben waren hier endlich synchronisiert, und ihr Herz tickte im Takt des Neuen, Aufregenden.

In den knappen Mittagszeiten frequentierte sie gerne die Ecke des Personalrestaurants, in der andere Spanierinnen und Spanier sassen, redeten und scherzten. «Ich habe fast immer mit ihnen Pause gemacht, laut gelacht und Spanisch geredet, und so habe ich meinen Mann kennengelernt.»

Von ihm, einem angehenden Mediziner, damals als Unterassistent im Balgrist tätig, wurde Ana eines Abends in Almodóvars Film «¡Átame!» ins Kino eingeladen, und sie antwortete: Klar doch!, und ging mit. Zwei Sommer à drei Monate verbrachte Ana auf Wolke sieben im Balgrist, zwei Weihnachten ihr Freund gut aufgenommen bei ihr zu Hause in Spanien, und beim zweiten Weihnachtsfest kam dann der Zufall mit ins Spiel und machte aus den beiden Fern-Verliebten eine angehende Familie. «Ich bin ziemlich spontan schwanger geworden, ich war eigentlich nicht vorbereitet darauf, einen Familienhaushalt zu führen und ein Kind zu erziehen. In diese Aufgabe musste ich hineinwachsen. Eigentlich wäre ich ja gerne Schauspielerin geworden oder Hostess für eine Fluggesellschaft …, das Gute war, ich habe mir keine Sorgen gemacht, ich nahm alles einfach so, wie es kam.»

Aber diese Unruhe …
Ana hat dann zuerst einmal tüchtig die Karriere ihres Mannes unterstützt. Immer wieder musste er Nachtdienste übernehmen und arbeitete an Wochenenden, derweil sie sich um den Haushalt und die Kinder, bald schon waren es ja zwei, kümmerte. «Aber irgendwann packte mich diese innere Unruhe und ich fragte mich: Was wird aus mir als Frau?»

Sie sah sich schon: ohne Ausbildung, ohne Arbeit, dahinvegetierend, ganz gelangweilt… und diese innere Unruhe hat ihr schliesslich überraschend ein Praktikum im Asylbereich beschert. Die Familie war damals wohnhaft im Tessin, und auf Anraten der befreundeten Frau eines Oberarztes bewarb sich Ana spontan beim Soccorso Operaio Svizzero SOS, einem Zweig des Schweizerischen Arbeiterhilfswerks SAH in Locarno. In einem kleinen Büro mit kleinem Team bediente Ana des Morgens das Telefon, half auf der Schreibmaschine aus, wenn es darum ging, für Asylsuchende Formulare auszufüllen, und setzte sich am Schalter mit deren Anliegen auseinander. In einem Sitzungszimmer fanden regelmässig Nähkurse statt, ein Teil des Integrationspatchworks, denn «wir sprachen den ganzen Nachmittag Italienisch mit den Frauen.

Ihre Männer warteten draussen im Warteraum, derweil wir fleissig Kreuzchenstich übten und plauderten und schwatzten.»

Im letzten Monat ihres Praktikums durfte Ana auf Familienbesuche gehen und bekam so einen Einblick in Lebensformen, die ihr bislang verschlossen geblieben waren. «Mein spanischer Sinn für Sauberkeit hält sich in angenehmen Grenzen, ich habe keinen Putzfimmel oder so, aber was ich zum Teil bei den Familien gesehen habe, hat mich dann schon überrascht.» Stühle, Tische, Ablageflächen voller Zeitungen und Kleiderhaufen, so dass man sich für ein Gespräch kaum hinsetzen konnte, und einmal, als Ana einen Schrank öffnete, flatterte ihr sogar eine Taube entgegen, die ihre Eier auf einem Pullover abgelegt hatte. Ana sagte: «Sie haben da eine Taube!», und die Asylsuchende antwortete «Ja!» – ihr ganzes Gesicht erstrahlte.

Der Umzug von südlich des Gotthards nach nördlich der Alpen, nach Horgen, bedeutete dann zuallererst noch einmal ein Jahr zu Hause sein. Ana wollte ihren Kindern, die kaum Deutsch sprachen, dafür fliessend Italienisch und Spanisch, die Eingewöhnungszeit erleichtern und verzichtete vorerst auf eine Arbeitstätigkeit.

Aber wieder diese Unruhe ... mit Menschen wollte sie arbeiten, und die Erfahrungen ihres Praktikums nutzen. Nach 125 Bewerbungen, Absagen und stillschweigendem Auflaufenlassen wagte Ana den Schritt: «Für mich war die Jugend- und Familienberatung die Mutter aller Institutionen. Meine Traumarbeitgeberin schlechthin.»

Sie zweifelte zwar, ob man ihr eine Chance geben würde, «als Migrantin werde ich ganz besonders geprüft, man verlangt Stilsicherheit in Deutsch, einen einwandfreien Umgang mit deutschsprachiger Korrespondenz, das sind Punkte, die mich immer gebremst haben bei meinen Bewerbungen. Das Vertrauen in die Leistungsfähigkeit von Migranten ist gering, schnell denkt man, die kann ja nicht einmal richtig sprechen, ergo ist sie dumm. Man traut uns nicht viel zu. Wir sind gut als Klientinnen, wir sind gut als Migroskassiererinnen, aber als ebenbürtig werden wir selten angesehen. Wenigstens nicht auf den ersten Blick.»

Dennoch, sie musste es einfach versuchen, sie schrieb eine spontane Bewerbung und erzählte von der Schule für Sozialbegleitung, bei der sie sich eingeschrieben hatte, legte ihre ganze Hoffnung in diesen Brief – und Ana wurde eingestellt. Die Unruhe hatte sie ans Ziel geführt.

Familiencoaching ...
Seit 2004 arbeitet Ana nun bereits als Familienbegleiterin für den Bezirk Horgen. Sie hat berufsbegleitend im Jahr 2007 nicht nur die Schule für Sozialbegleitung SSB abgeschlossen, sondern 2010 auch erfolgreich die eidgenössische Berufsprüfung als Migrationsfachfrau bestanden. Zurzeit betreut sie sechs Familien, Schweizer und Migranten. Zumeist alleinerziehende Elternteile, die mit einem Kind oder der täglichen Anforderung, die das Leben stellt, überfordert sind. Es gibt Tage, da hat Ana drei Begleitungen, es gibt Tage, da ist es nur die eine.

Einmal hat eine Gemeinde eine Kostengutsprache für eine Familie gegeben, die als Asylsuchende in einem Durchgangszentrum lebte. Ein Mann, zwei Ehefrauen, zwölf Kinder. Zu vierzehn bewohnten sie zwei Zimmer, die erste Ehefrau mit ihren elf Kindern das eine, die zweite, selbst kaum dem Teenageralter entwachsen, mit ihrem Kind das zweite, der Mann pendelnd hin und her. Als beim zuständigen Sozialarbeiter ein Verdacht aufkam, die fünfzehnjährige Tochter der ersten Ehefrau könnte von alleinstehenden männlichen Asylsuchenden belästigt werden, schaltete er Ana Pellegrino-Jiménez ein. Chaos, Lärm, kein Raum für Privatsphäre, eine Mutter, die beständig Brot buk, und eine jugendliche Tochter, die die Schule verweigerte und durch die Räume stolzierte. Ana musste zuerst Vertrauen aufbauen. Mit der Zeit erkannte sie in der Tochter eine junge, frühreife Frau, die sich ihrer Kokettiererei kaum bewusst war und die aufmerksam den Ausführungen über Sexualkontakte, über die Möglichkeiten der Verhütung, aber auch über die Art und Weise, wie man als Frau Nein sagen und Grenzen setzen kann, folgte.

Ein wichtiges Ziel war erreicht, und es sind durchaus nicht immer die grossen Erfolge, die Ana im Auge hat, auch die kleinen, feinen Schritte in die richtige Richtung vermag sie zu erfassen – und ihnen soliden Boden zu bieten. Und immer wieder staunt sie, unter welchen Umständen gesundes, zukunftsgerichtetes Leben möglich ist. «Die Kinder dieser Familie, welche die Primarschule besuchten, hatten die erstaunliche Fähigkeit, sich vollkommen abzuschotten und in einer Zimmerecke, auf dem Boden, neben der Brot backenden Mutter, völlig geistesversunken ihre Hausaufgaben zu erledigen. Sie behandelten jedes einzelne Schulheft wie einen Schatz aus Gold, fassten ihn mit Samthandschuhen an und zeigten ihn mir bei meinen Besuchen. Sie sind integriert in unser System, auch wenn ihr eigenes ein komplett anderes ist.»

Eines der wenigen Rechte von Kindern asylsuchender Eltern ist der Schulbesuch. Dem 18-jährigen Sohn stand dieses Recht nicht mehr zur Verfügung. Oft lag er fast bis an den Rand des Verrücktwerdens gelangweilt auf dem Sofa, wenn Ana nachmittags auf Familienbesuch kam.

Als er eines Tages wegen wiederholtem Schwarzfahren zu einem Einsatzprogramm verdonnert wurde, eine sogenannte Zwangssozialmassnahme, war er darüber dermassen begeistert, dass er Ana kundtat, er würde ab sofort nur noch schwarzfahren, allein, damit man ihn beschäftigte.

… und Projektarbeit

Natürlich. Die kleine Unruhe in Anas innerem Uhrwerk tickt noch immer. Präzise, verlässlich und unerschöpflich treibt sie Ana zu immer wieder neuen Projekten an. Ihr Wirkungsfeld hat sie längst gefunden, die Möglichkeiten sind noch lange nicht ausgeschöpft.

Zwei Jahre hat sie ein Projekt geleitet: «Zusammen im Bezirk Horgen». Inspiriert von der Idee der «femmesTischE», die aber für den Bezirk zu kostspielig gewesen wären, kreierte sie nach einer intensiven Vorlaufzeit ihr eigenes Begegnungskonzept. Sie scharte eine Gruppe von rund einem Dutzend Freiwilligen um sich und gestaltete einmal pro Monat eine öffentliche Veranstaltung, zu der die Bevölkerung eingeladen wurde. Bei üppig Essen und Trank aus den verschiedenen Herkunftsländern sass und sprach man zusammen zum jeweiligen Veranstaltungsthema. Mal hatte man mehr, mal hatte man weniger Besucherinnen und Besucher in den Räumen des Familienbildungszentrums FABIZE zu Gast, immer aber eine gute Mischung, Schweizer neben Zugewanderter, Migrant neben Alteingesessener.

Ein besonders grosses Echo fand die Veranstaltung zum Thema der «Spanischen Migration im Vergleich»: Spanier, die in den 1960er-Jahren in die Schweiz migriert waren, erzählten ihre Geschichten und sagten neu Zugewanderten, was sie allenfalls anders machen würden, kämen sie jetzt, mit dem aktuellen Wissen, noch einmal hierher. «Sie wurden auch gefragt, weshalb sie überhaupt noch hier seien, jetzt, im AHV-Alter, wo man doch auch zurückkehren könnte. Es waren viele

wertvolle Gespräche, die sowohl für die Spanierinnen und Spanier als auch für die Gäste aus der Schweiz aufschlussreich waren.»
Jeder dieser Anlässe musste geleitet und moderiert werden, und nach den ersten drei, vier Mal, bei denen Ana diese Aufgabe übernommen hatte, gab sie an ihre freiwilligen Helferinnen ab – und erntete erst einmal zünftig Protest. Aber Ana ist nicht der Typ Mensch, der sich schnell beirren lässt. «Ich sah zitternde Hände, ich sah Schweiss auf Stirnen perlen, aber ich sah auch die Freude und das Glück, es geschafft zu haben. Ich wusste einfach, wie wichtig diese öffentlichen Auftritte für viele waren. Ich kannte das ja von mir selbst.»
In ihrer Anfangszeit in der Schweiz hatte sich Ana oft für ihr «schlechtes Deutsch» entschuldigt, bevor sie überhaupt in ein Gespräch mit einer Hiesigen eingestiegen war. Bis sie realisiert hatte, dass die Fähigkeit, sich in einer Fremdsprache mehr oder weniger auszudrücken, nichts mit ihrer Intelligenz zu tun hatte: «Ich habe meine Sprache! Ich kann perfekt sprechen! Und nur, weil ich nicht jedes deutsche Wort grad ebenso perfekt deklinieren kann, heisst das noch lange nicht, dass ich dumm bin.» So kam es denn auch, dass sie den moderierenden Frauen dieser Bezirksanlässe nebst Motivation und Mut auch ein Verbot mitgab für die Bewältigung der Aufgabe: «Egal, mit welchem Satz du startest: Entschuldige dich nie und nimmer für dein Deutsch. Wähl dir irgendeinen Satz, sag, dass du dich freust, dass so viele hergefunden haben, bedanke dich für das Interesse, aber dass du leider nicht perfekt Deutsch kannst, will ich nicht hören.»
Integration lässt sich eben nicht auf die Sprache reduzieren. Es gibt Menschen, die leben in der Schweiz, rundum integriert und eingebettet, und sprechen dennoch kein einziges Wort Deutsch. «Auch meine Schwiegermutter gehört zu dieser Gruppe. Sie hält sich an die Waschtage, weiss, wie man beim Metzger zwei Kilo Fleisch bestellt, spricht aber fast ausschliesslich Spanisch. Für mich gibt es keine nichtintegrierten Menschen, sondern nur Menschen, die sich auf ihre Weise integriert haben und an der Schweizer Gesellschaft partizipieren.»
Integration lässt sich eben nicht messen und beurteilen, keine Skala, kein Metermass, kein geichtes Gewicht, das letztlich Aufschluss geben würde, «es ist die persönliche Empfindung allein, die da zählt.»

Gasim Nasirov, Projektmitarbeiter, Moderator, Übersetzer

unter anderem tätig für die Schweizerische Flüchtlingshilfe

geboren im Jahr 1967 in Nachitschewan, Aserbaidschan
in der Schweiz seit 2003

Gasim Nasirov ist ein Sprachtalent. Er spricht Aserbaidschanisch, Türkisch, Russisch, Englisch, Georgisch, Serbokroatisch, Deutsch und kann sich auch auf Persisch und Arabisch verständigen. Ebenso facettenreich wie sein linguistisches Repertoire fächert sich seine Berufstätigkeit auf: Für die Caritas ist er im Einsatz als Übersetzer, beim Schweizerischen Arbeiterhilfswerk SAH war er als Projektmitarbeiter tätig, bei der Heilsarmee absolviert er zurzeit ein Praktikum als Asylbetreuer, und zudem ist er Präsident des Aserbaidschanischen Kulturvereins, unterrichtet Kinder in der Heimatsprache und engagiert sich in Langenthal in der Quartierarbeit. Aber das ist noch nicht alles. Im Auftrag der Schweizerischen Flüchtlingshilfe besucht er als Moderator Schulklassen und erzählt im Rahmen von Migrations- und Integrationsprojekttagen aus seinem Leben. Davon, wie er in der Türkei Kleider an wohlhabende Russen verkauft hat, davon, wie er in Georgien als General Manager einer Baufirma an der Planung und Konstruktion von Erdölraffinerien beteiligt war, davon, wie er in Russland als Unterhändler fungierte, und auch davon, wie er, seine Frau Olga und der Sohn Udugey in die Schweiz gelangt sind und weshalb. Nach langen Mühen und Nöten und Tagen und Nächten voller Angst, entgegen jeder vernünftigen Hoffnung und in beständigem Bewusstsein um die wachsende Bedrohung für das eigene Leben war das Land, das damals am weitesten, am unmöglichsten zu erreichen erschien, das Land das ihm und seiner Familie überraschend die Türen öffnete – und Rettung bot.

Aber diese Geschichte gehört Gasim. Und diese Geschichte soll er selber erzählen.

Perestroika – die Umgestaltung der Welt

«Ich bin in Nachitschewan geboren, das ist eine autonome Republik, zugehörig zu Aserbaidschan, eine Enklave, grenzend an den Iran, an Armenien und an die Türkei. Nachitschewan heisst übersetzt *Ort der Landung* und bezeichnet die Gegend, in der Noah mit seiner Arche einst anlandete; es befindet sich in unmittelbarer Nähe zum Berg Ararat.

Ich wuchs in einem soliden und behüteten Umfeld auf, meine Mutter unterrichtete russische Sprache und Literatur, mein Vater war ein hoher Beamter im Dienste des Parlaments und sehr angesehen, da er sich nie an Korruption beteiligt oder sich an der Not anderer bereichert hat, wie es damals so viele taten und heute noch so viele tun.

Aserbaidschan war lange Zeit ein sowjetischer Satellitenstaat, und wie in solchen marionettenhaften Gebilden üblich, war auch Aserbaidschan von der Zentrale, von Moskau, abhängig. Anfangs der 1990er-Jahre, als verschiedene Kriegsherde in den Sowjetischen Republiken aufbrachen, eine unmittelbare Folge der Perestroika, mit der damals noch niemand umgehen konnte, gerieten auch Armenien und Aserbaidschan erneut in einen kriegerischen Konflikt. Als am 20. Januar 1990, dem ‹Schwarzen Januar›, auf Gorbatschows Befehl die sowjetische Armee in Baku, der Hauptstadt Aserbaidschans, einmarschierte und wahllos in die Menge schoss, war auch ich da auf den Barrikaden. Zusammen mit anderen Studenten lehnte ich mich auf und machte mich stark für ein unabhängiges Aserbaidschan; in jener Nacht sind über hundert Menschen gestorben, auch unbeteiligte Passanten.

Daraufhin brach alles zusammen, das gesamte System. Stundenlanges Anstehen für einen halben Laib Brot war eine Notwendigkeit, eine Frage des Überlebens. Wir wurden von Moskau regelrecht ausgehungert, man wollte uns mürbe machen, indem man die Zulieferung lebenswichtiger Güter unterband.

Meiner eigenen Familie ging es verhältnismässig gut, aber der Zustand der Bevölkerung im Allgemeinen war desolat.

In Russlands Fernsehen lief in jenen frühen Jahren der Öffnung ironischerweise eine Werbung von Uncle-Bens-Reis, in der gezeigt wurde, wie einfach Reiskochen war: Eine Frau öffnet mit geschicktem Griff eine Packung, gibt den Reis ins Wasser, und wenig später hat sie ein wunderbares Gericht auf den Tisch gezaubert, eine wundervolle Tat, die sie mit blühendem Lächeln kommentiert.

Uncle-Bens-Reis und die Folgen

Während meiner letzten beiden Jahre an der Universität in Baku, ich studierte Erdöl-Ingenieurswesen, wurde ich zu einer politisch aktiven Person. Unter anderem füllte ich als Redaktor und Moderator Woche für Woche dreissig Sendeminuten eines publizistischen Fernsehprogramms. Mit spitzer Zunge und gespickt mit politischen Anspielungen gestaltete ich meine Beiträge. Das blieb nicht lange unbemerkt. Die Reaktion von offizieller Seite hat nicht auf sich warten lassen, und man bat mich zu einem Gespräch. Ein Regierungsbeamter sagte:
– *Wir haben gesehen, dass du regierungsfeindliche Sendungen produzierst. Warum machst du das?*
– *Man muss die Leute ein bisschen aufwecken, nicht? Wir brauchen mehr Freiheit, wir wollen, dass sich die Menschenrechte auch bei uns etablieren!*
Er hat nur geschaut und dann zu mir gesagt:
– *Wir kennen deinen Vater, wir wissen, wessen Sohn du bist. Ich gebe dir jetzt eine erste und letzte Warnung: Wenn du noch einmal eine konspirative Sendung machst, bekommst du sehr grosse Probleme, junger Mann.*

Ja, ich war jung. War ich dumm? Ich dachte mir: *Was kann der mir schon gross?* Also machte ich weiter.

Mein nächster Beitrag nahm besagte Uncle-Bens-Reis-Werbung auf die Schippe. Ich habe mir eine Packung gekauft, und ich habe darauf das Bild unseres Präsidenten geklebt, leicht retouchiert, aber doch erkennbar. Dann habe ich die aserbaidschanische Version der Botschaft aufgenommen: Eine junge Frau sitzt und friert und hungert im Kalten, der Strom ist ausgeschaltet, die Tablare sind leer. Das Einzige, was sie findet, ist eine Packung Uncle-Bens-Reis. Bei Kerzenlicht öffnet sie also diese Packung und sagt: *Mal schauen, was sich damit machen lässt.* Heraus springen aber keine fröhlichen weissen Reiskörner, heraus poltern verdorbene Kartoffeln …, *Ja, was kann man da nur tun*, überlegt die

Frau weiter, und zu heiterer Musik bekennt sie: *Kochen kann man die nicht mehr, ich esse sie einfach roh.*

Als ich am Tag nach der Ausstrahlung ins Studio gekommen bin, sagte man mir, dass ein Beamter auf mich warte. Ohne vorher telefonieren zu können, musste ich mit ihm mit. Ich sass mit ihm stumm im Auto, habe mir aber nicht gedacht, dass jetzt etwas Schlimmes passieren würde. Und dann kam ich wieder in dieses grosse Gebäude mit den Verhörzimmern …, und derselbe Beamte, der schon einmal mit mir gesprochen hatte, sagte nun:
– *Erinnerst du dich daran, dass ich dir gesagt hatte, dies sei deine erste und letzte Warnung?*

Ich hatte nur gelacht und gesagt:
– *Ja, ja, daran erinnere ich mich schon.*
– *Gut, wenn du dich erinnerst und lachen kannst. Aber jetzt werde ich ein bisschen lachen.*

Und zu den Männern, die die Tür bewachten, sagte er:
– *Nehmt ihn!*

Der Mann, der mit mir im Auto hergefahren war, brachte mich in ein anderes Zimmer, und dazu kamen noch einmal zwei sehr grosse, sehr starke Männer, und sie haben angefangen, mich zu schlagen, wie ich es noch nie erlebt hatte. Mit Füssen und Händen und verschiedenen Gegenständen. Sie waren so gross, und ich wog nicht mehr als sechzig Kilo damals; sie haben mich katastrophal getroffen … Ich habe mich verloren. Als ich wieder aufgewacht bin, war da überall Blut, mein Blut. Ich hatte wahnsinnig starke Schmerzen. Ich konnte nicht aufstehen, und so bin ich einfach liegen geblieben und habe laut geschrieen.
– *Warum schreist du?*
– *Wieso haben sie das mit mir gemacht?*
– *Du hast es ja gehört, wieso. Jetzt leg dich hin und denk nach.*
– *Gib mir Wasser!*
– *Nein, du bekommst kein Wasser.*
– *Gib mir ein Telefon, ich muss jemanden anrufen!*
– *Nein, kein Telefon. Du liegst jetzt ein bisschen, denkst ein bisschen nach, und vielleicht verstehst du dann etwas.*

Bis am Abend war ich dort. Und dann bis zum nächsten Tag. Ich habe gelegen und überlegt. Ich wusste, diesmal lachen sie nicht, diesmal meinen sie es ernst. Wie sollte es nun mit mir weitergehen? Es war klar, dass, wenn ich einwilligen würde, nie mehr politische Sendungen zu machen, ich fortan instrumentalisiert werden würde; ich würde ganz einfach für ihre Zwecke eingespannt, um allen klarzumachen, dass ich gebrochen war. So vernichtet man Menschen. Ich wusste auch, dass ich für unser Volk etwas Gutes getan hatte mit diesen Sendungen. Nur, was jetzt? Ich musste unbedingt mit meinem Vater sprechen.

Karriere en passant

Mit Hilfe meines Vaters, den man am zweiten Tag verständigt hatte, kam ich unter grossen Schwierigkeiten wieder frei.

– *Sagen Sie Ihrem Sohn, es ist nicht die Zeit, Held zu spielen.*

Nein, das war es wirklich nicht. Es war die Zeit, zu gehen. Fünfundzwanzig Jahre alt, machte ich mich auf den Weg in die Türkei. Via Nachitschewan und mit nur vierzig Dollar in der Tasche brach ich auf und hinterliess eine weinende Mutter, einen besorgten Vater und einen Bruder, dem es fast das Herz zerriss; er ist ein sehr familienverbundener Mensch.

Es war eine wahnwitzig blöde Idee von mir gewesen, mit dem Bus in stundenlanger Fahrt direkt nach Istanbul zu fahren – was wollte ich dort? Istanbul ist eine Hölle, wo niemand niemanden kennt – was sollte ich fremder Aserbaidschane dort? Aber ich mag das Risiko, ich war schon immer ein Mann, der aufs Ganze geht. Ich hatte gehört, dass Aksaray und Lâleli als Tourismushochburgen für reiche Russinnen und Russen galten und dachte mir, gehe ich hin und biete mich als Übersetzer an. Russisch sprach ich aufgrund meiner Ausbildung wie eine zweite Muttersprache, und Türkisch ist dem Aserbaidschanischen ohnehin verwandt, ich konnte mich also gut verständigen. In der Nacht meiner Ankunft klapperte ich die Läden nach Arbeit ab: keiner, der mich wollte. Ich wusste, wenn ich nicht bald etwas finden würde, müsste ich auf der Strasse nächtigen. Und das bedeutete Probleme. Als ich kurz davor war, aufzugeben, weil mich schon wieder ein Angestellter verscheuchte, als wäre ich ein Insekt, rief mich der Ladenbesitzer zurück. Er wollte, dass ich ihm beweise, wie gut meine Verkaufs- und Handelskünste waren. Ich gab also mein Bestes. Die russische Familie verliess den Laden mit prall gefüllten Einkaufstaschen, und mein neuer Chef nickte mir zu, anerkennend.

Die folgenden zwei Jahre stand ich in seinem Dienst, arbeitete von sechs Uhr morgens bis zwölf Uhr nachts an allen sieben Tagen der Woche. Ich wurde verköstigt und durfte in einer Bleibe übernachten, die der Chef seinen Angestellten überliess, zusammen mit tellergrossen Ratten und einem Wasserhahn, durch den noch nie heisses Wasser geflossen war.

Nun bin ich nicht nur ein Mensch des Risikos, ich bin auch ein Mensch, der weiterkommen will. Und wie hätte meine Zukunft schon gross aussehen können, wenn ich dort geblieben wäre als Verkäufer? Also sah ich mich nach einer besseren Gelegenheit um und fand sie bei einer türkischen Baufirma, die im russischen Sotschi, das ist ganz im Süden Russlands am Schwarzen Meer, das Bahnhofsgebäude renovierte. Ich begann für wunderbare sechshundert Dollar pro Monat, was ein Vielfaches meines Gehaltes als Verkäufer darstellte, als Dolmetscher und arbeitete mich hinauf zum professionellen Übersetzer, nun auch von schriftlichen Dokumenten. Mit der Zeit hatte die Baufirma gemerkt, dass ich ein grosses Verhandlungsgeschick besitze, und fortan sandte sie mich als Unterhändler zum Steueramt, zum Bauamt, von Stadt zu Stadt und von Tür zu Tür. Die Türken nahmen mich als einen der ihren wahr, weil ich so gut Türkisch sprach, und die Russen wiederum sahen in mir den ehemaligen Sowjet. Es passte perfekt. Ich wurde in anderen Staaten eingesetzt, hatte meinen eigenen Chauffeur und Bodyguards, mir ging es finanziell sehr gut. Aus der Ferne unterstützte ich weiterhin den Kampf für ein unabhängiges Aserbaidschan, so gut ich konnte. Mittlerweile war ich verheiratet mit Olga, einer Jüdin aus Aserbaidschan, und wir hatten einen kleinen Sohn, Udugey.

Wohin? Wohin? Egal wohin, nur einfach weg!
Als ich einmal von einer Geschäftsreise aus Georgien nach Aserbaidschan zurückkam, fand ich die Wohnung leer vor: Man hatte meine Frau zu einem Verhör mitgenommen. Ich habe sofort gewusst, dass dies etwas Ungeheuerliches bedeutete. Nun musste alles schnell gehen, die Zeichen liessen keinen Zweifel. Ich hatte vierundzwanzig Stunden Zeit,

um für mich und meine Familie Pässe zu besorgen. 20 000 Dollar, und sie rochen noch frisch nach Druckerpresse, als wir uns damit aufmachten, das Land zu verlassen. Wir gingen nach Sotschi, aber es war eine Katastrophe. Die örtlichen Behörden waren bereits informiert, und wir konnten uns kaum ausserhalb der Wohnung blicken lassen. Nachts klingelten oder polterten Schergen an unsere Tür, und meine Frau und unser Sohn und ich, wir drückten uns in eine Ecke der Wohnung, darauf wartend, dass der Spuk ein Ende nahm. Allein für das Wohnen habe ich 80 000 Dollar bezahlt; der Hausbesitzer gab uns zum Glück diese Unterkunft, aber er sagte auch, dass er keine Verantwortung übernehme für alles, was noch geschehe. Um uns herum war die Welt wieder gefährlich geworden, Armenier und Aserbaidschaner waren im Krieg, und in Sotschi lebten damals sehr viele Armenier. Wir versteckten uns fast ein ganzes Jahr.

In dieser Zeit nahm ich Kontakt zu einer Firma auf, die versprach, touristische Visa für europäische Staaten besorgen zu können. Beinahe unser ganzes Geld ging dabei drauf, Staat für Staat lehnte unsere Einreiseanträge als Touristen ab. Wir mussten so viel Ablehnung ertragen, kein Land, das uns aufnehmen wollte. Und als das Ziel wie ein Wunder doch noch endlich zum Greifen nah war, und wir auf ein zugesagtes Visum aus Deutschland warteten, schockierte uns eine Woche später der unmissverständliche Stempel in unseren Pässen: abgewiesen.

Wie nur würden wir jetzt irgendwohin reisen können? Mit einem Stempel wie ein Brandmal?

Noch einmal und mit letzter Kraft vertraute ich der Angestellten des Vermittlungsbüros, und als sie sagte, wir sollten um eine bestimmte Uhrzeit an einem bestimmten Ort sein und einem bestimmten Russen unsere Pässe geben, taten wir auch dies. Meine Frau sagte: *Du bist verrückt.*

Die Schweiz, Toiletten putzen und die unterste Sprosse der Leiter

Jedoch, es klappte. Wir waren überglücklich, das kann man nicht beschreiben. Die Schweiz gab uns ein Visum, unsere Pässe strahlten Verheissung aus. Ohne zu warten, begaben wir uns an den Flughafen Moskau Sheremetyevo und nächtigten auf Kartons, wir wollten unseren Flug in die Freiheit nicht verpassen.

In Genf hatte man für uns ein Zimmer in einem Fünf-Sterne-Hotel reserviert, um keinen Verdacht aufkommen zu lassen; und wir reisten in unseren besten Kleidern.

Die Passkontrolle brachte mich dann doch zum Schwitzen, jeder Uniformierte hätte – meiner Erfahrung nach – ebensogut ein Spitzel sein können. Als wir endlich durch waren, entspannte ich mich ein bisschen. Diese erste Nacht in Genf wollten wir uns wie richtige Menschen fühlen, Olga sagte, wir sollten uns erst einmal beruhigen, und so beschlossen wir, uns erst am nächsten Tag mit unserem Asylbegehren bei den Behörden zu melden.

Wir haben lange ausgeschlafen und beim Aufwachen die Luft der Freiheit geatmet. Dann sind wir in Genf spazieren gegangen, und die Frage stellte sich: Wer weiss Bescheid?

Ich überlegte mir, dass es das Beste wäre, einen Afrikaner zu fragen, denn ein Afrikaner wäre sicher selber auch einmal ein Asylsuchender gewesen, der müsste es wohl wissen. Also sprach ich den erstbesten Afrikaner auf Englisch an, und er meinte, dass es in Kreuzlingen wohl ein Empfangszentrum gäbe. Hätten wir damals geahnt, dass man sich direkt an die Polizei, an jeden noch so kleinen Posten wenden kann, hätte man uns sicher auf Staatskosten ins näher gelegene Vallorbe gebracht. So aber bezahlten wir am Schalter der SBB die drei Billete nach Kreuzlingen, und ich höre es noch heute, wie der Beamte sagte: *Oh là là, das ist aber weit, am anderen Ende der Schweiz.*

Damit im Hotel niemand Verdacht schöpfte, weshalb diese scheinbar so wohlhabende Familie aus Aserbaidschan mitsamt all ihren Koffern bereits am ersten Morgen in der Schweiz das Hotel wieder verliess, erfanden wir an der Réception kurzerhand die Geschichte einer Verwandten, die wir besuchen fuhren, um Geschenke zu überbringen. *In Lausanne,* hatte ich gesagt, eine Ortschaft, deren Namen ich zuvor auf einer Karte gelesen hatte.

In Kreuzlingen dann ging alles reibungslos, ein Mann auf dem Bahnhof wies uns den Weg, und wir begaben uns zum Eingang des Empfangszentrums. Ehrlich, ich hatte mir gedacht: *Ein Empfangszentrum ist so ein Ort, da geht man hin, da kann man seine Kleider aufhängen und bekommt ein Zimmer, und in ein, zwei Monaten ist man als Flüchtling ein vollwertiges Mitglied der Gesellschaft, anerkannt.*

Ich sagte auf Englisch: *Guten Tag. Wir suchen Asyl.*
Sofort sind zwei grosse Sicherheitsbeamte gekommen und haben uns in unterschiedliche Zimmer geführt. Dort mussten wir uns als Erstes nackt ausziehen, und an uns wurde eine Leibesvisitation durchgeführt. Das war ein Schock. So etwas hatten wir noch nie erlebt. Bei uns wurde man eingeschüchtert, geschlagen und geprügelt bis zur Bewusstlosigkeit, aber das dich einer nackt auszieht und dann untersucht, das kannten wir nicht. Danach wies man uns in unterschiedliche Baracken, eine für Männer und eine für Frauen. Udugey fragte jeden Tag: *Was haben wir getan, dass man uns einsperrt?*
Es war eine sehr schwierige, eine sehr traurige Zeit.
Jeden Tag mussten wir die Toiletten und die Duschen putzen. Denk mal, wir sind aus einem ganz anderen Leben in dieses hineingekommen, und was man von uns verlangte, war, dass wir Toiletten putzten. Ein über sechzigjähriger Bosnier war ebenfalls zum Toilettendienst eingeteilt, das konnten wir gar nicht begreifen. Ich dachte: *So tief bin ich also gesunken, jetzt bin ich ganz weit unten, ich bin eine Null.*
Und dann überlegte ich weiter: *Was gewinne ich, wenn ich mich widersetze? Nichts. Also muss ich mein Leben von dieser – Entschuldigung – Scheisse auf neu aufbauen. Ich tue es für Olga. Ich will in diesem Land etwas erreichen. Ich schaffe das.*

Anerkannt

Nach fünf Jahren waren unter den anerkannten Flüchtlingen schliesslich auch wir. Unsere Stationen hatten den üblichen Weg genommen von Heim zu Heim und dann in eine Gemeindewohnung nach Wynigen, das ist eine Gemeinde am Eingang zum Emmental, eine Idylle, unser neues Zuhause, von dem wir nicht mehr wegziehen wollen. Unser Udugey ist hier in die Schule gegangen, die ersten Monate über mit mir an seiner Seite als Übersetzer, und unsere Tochter Elisheva ist hier geboren. Olga führt täglich die Hunde von Nachbarn aus, und auch ich bin voll integriert.

Für mich ist Integration nicht einfach nur ein Wort, das sich schön sagt, das einen mit Stolz füllt, wenn man es ausspricht. Es ist ein Willensakt, eine Entscheidung. Unser Wunsch war es, so schnell wie möglich heimisch zu werden. Die Nachbarn ohne Scheu grüssen zu können und unsere Ansichten und Meinungen kundtun zu dürfen. Integration ist keine Anpassung, da bin ich streng dagegen. Wir haben unsere Kultur, wir haben schöne Musik und gutes Essen, einen eigenen Lebensstil; wenn man das Eigene verliert und sofort das Fremde annimmt, das Erstbeste, ist man wie eine Fahne im Wind. Darum ist es wichtig, die eigene Identität zu bewahren und damit, mit dieser Identität, Teil der Gesellschaft zu werden. Denn diese Gesellschaft bietet auch viel Schönes, Neues: die Ehrlichkeit zum Beispiel. Ja, ich empfinde die Schweizer als ehrlicher und unverblümter als unsere eigenen Leute. Wenn du hier mit jemandem nichts mehr zu tun haben willst, kannst du es frank und frei sagen, ohne viel Tamtam. Das ginge bei uns nicht. Es gibt viele Sachen, die mir hier gefallen, und ich schätze es sehr, hier ein Leben aufgebaut zu haben, das mir wirklich entspricht. Ich freue mich und bin stolz, dass ich heute mit Menschen arbeiten und einen Beitrag zu einer freien Gesellschaft leisten kann. Olga sagt dazu: *Ohne Angst leben zu können, das ist das Allerwichtigste.*»

«Sozialhilfe-Stopp bewegt nicht alle zur Ausreise – Jeder siebte Asylbewerber mit negativem Entscheid bleibt in der Schweiz», titelte am 28. Mai 2010 der Zürcher Tages-Anzeiger im Ressort Schweiz und liess Behauptungen von SVP-Nationalrat Hans Fehr und Erklärungsversuche von BFM-Chef Alard du Bois-Reymond sowie Repliken von Ruedi Hofstetter, Chef des Sozialamts des Kantons Zürich, aufeinander krachen.

Seit 2008 erhalten abgewiesene Asylsuchende als auch Personen mit einem Nichteintretensentscheid nur mehr Nothilfe – eine Massnahme, die der damalige Bundesrat Christoph Blocher durchgesetzt hat. Dennoch verzeichnet die Schweiz eine offenbar unbewegliche Sockelpopulation Betroffener von 15 Prozent, die hartnäckig in den Notunterkünften oder Sachabgabezentren ausharrt. Ausgesiedelt in lichtundurchlässige Bunker unter der Erde, in weit abgelegene Häuser und auf zugige Höfe, nur aufs Notdürftigste eingerichtet und ohne Aussicht auf Verbesserung, ziehen sie ein Leben in Armut und Eintönigkeit einer Rückkehr in die einstige Heimat vor.

Diejenigen, die des Harrens und Hoffens müde geworden sind, und diejenigen, für die ein Neubeginn im Herkunftsland möglich scheint, suchen die Rückkehrberatung auf.

Nevenka Mladina, Zentrumsleitung

Notunterkunft Uster

*geboren im Jahr 1964 in Budumiri, Kroatien
in der Schweiz seit 1989*

Manchmal riecht es hier auch weniger gut. Dann, wenn ein Freund Kuhmägen vorbeigebracht hat. «Aber was willst du, du kannst von einem Nigerianer nicht verlangen, dass er täglich Bündner Gerstensuppe aus dem Beutel isst, das schmeckt ihm einfach nicht.»

In der Gemeinschaftsküche stehen gebrauchte Töpfe, Fisch mit Sauce, die Herdplatten sind angeschmutzt, geputzt wird nach einem festen Reinigungsplan reihum, der einzige Weg, sich als NEE einen kleinen Zusatzverdienst beizubringen. NEE, so werden die Menschen genannt, die auf ihr Asylgesuch einen «Nichteintretensentscheid» erhalten haben. Ein Unwort mit weit reichender Wirkung. Seit dem verschärften Asylgesetz von 2008 erhalten abgewiesene Asylsuchende nur noch Nothilfe. Was ihnen bleibt, ist ein Bett, eine Küche, ein Dach über dem Kopf. In diesem Fall in einer Zivilschutzanlage in Uster Nord. Hierhin, in die sieben Räume untertags, dürfen ausschliesslich Männer zugewiesen werden; Frauen und Familien wird der Bunker nicht zugemutet.

Heute sind 87 Bewohner da, die maximale Kapazität erlaubt drei mehr. Mit den beiden Neuen, die auf den Nachmittag erwartet werden, wird diese Kapazität weitgehend ausgeschöpft sein.

Betrieben wird die Anlage im Auftrag vom Kantonalen Sozialamt von der ORS Service AG, die sich auf die Unterbringung und Betreuung von Asylsuchenden und Flüchtlingen spezialisiert hat, ein privates Unternehmen mit Direktion, Administration und Marketing und insgesamt 300 Mitarbeiterinnen und Mitarbeitern schweizweit. Eine davon ist Nevenka Mladina, sie leitet die Notunterkunft Uster, kurz NUK genannt, und ist damit «Chefin über 90 Männer».

Vorher waren sie integrierter
Der Begriff Notunterkunft bedeutet so viel wie vorübergehende Herberge, Übergangswohnplatz. Er bezeichnet ein Zwischenstadium, ein Provisorium zwischen zwei Fixpunkten. Demgemäss bringt die Notunterkunft Ungesichertheiten mit sich, Variablen, mit denen sich die Zugewiesenen auseinandersetzen müssen.

«Einige unserer Bewohner hatten vorher eine Arbeit, eine Wohnung, ein geregeltes Leben in der Schweiz. Aufgrund des Asylentscheids, der sie zu Betroffenen des Sozialhilfestopps machte, mussten sie ihre Arbeit niederlegen, die Wohnung aufgeben und in die Notunterkunft umsiedeln.»

Es ist, als ob sie nach jahrelangem Auf und Ab, nach ewiger Ebbe und Flut der Hoffnung und Bange letztendlich hier gestrandet wären, Asylsuchende am Ende ihrer Tour d'Horizon angelangt durch das Asylland Schweiz.

Für die Dauer ihres Asylverfahrens, das sich je nach Fall über mehrere Jahre erstreckt hatte, waren viele mehr oder weniger gesichert. Sobald sie eine Arbeitserlaubnis und Unterkunft hatten, bemühten sie sich selber um ihre wirtschaftliche Existenz. Einige von ihnen traten in ihrer Freizeit Schweizer Vereinen bei und suchten aktiv den Kontakt zur lokalen Bevölkerung, andere blieben zurückhaltend, reserviert, und ihre Bewegungsmuster verliefen in den vertrauten Bahnen der eigenen Kultur.

Wenn dann, was viele fürchten, der Asylentscheid nach langen Monaten und Jahren des Wartens abschlägig ausfällt oder ein Asylsuchender die Minimalkriterien der Gesuchsprüfung nicht erfüllt, wird er zumeist einer Notunterkunft zugeteilt; zum Beispiel Uster.

Hier findet er als neue Realität in einem Abteil von 18 Betten zwei Matratzen für sich allein, 90 auf 200 Zentimeter, Platz sparend in einem fensterlosen Raum untergebracht, drei mal drei Betten hoch und quer aufgeteilt, eine Reihe links, eine Reihe rechts, ein neues Zuhause; ein bisschen wie für Matrosen im Bauch eines Schiffes. Nur dass dieses Schiff keinen sicheren Hafen ansteuert. Und manchmal sogar, im Einzelfall, jahrelang überhaupt nirgendwo mehr ankert. «Heute besteht ihr Leben fast ausschliesslich aus Warten.»

Einer der abgewiesenen Asylsuchenden, Tony C., wartet bereits seit sechs Jahren. Solange ihm die Botschaft seines Heimatlandes keinen gültigen Reisepass ausstellt, bleibt das auch weiterhin so, für noch einmal sechs Jahre, und vielleicht für noch einmal sechs.

Für viele Neuzugänge bedeutet diese Behausung im Luftschutzraum zuerst einmal ein Schock; Tony C. hat dafür nur noch ein Schulterzucken übrig – er hat sich längst daran gewöhnt.

Kulturelle Übersetzungsarbeit an den Ufern der Schweiz

Wie integriert man einen Gestrandeten? Welche Vermittlungsarbeit kann da noch getätigt werden? Was nützt die eigene Arbeit, wenn das Gegenüber keine Daseinsberechtigung in der Schweiz mehr hat? In den sieben Jahren ihres Einsatzes in der Notunterkunft Uster verging für Nevenka kein einziger Tag, an dem Integrationsarbeit nicht auch ein Thema gewesen wäre. Sie erinnert sich zum Beispiel an Michael, einen Nigerianer, der heute in Australien lebt. «Als er hierher gekommen ist, sah ich ihn zum ersten Mal heulend draussen auf den Steinen.»

Er sagte, die Polizei hätte ihn in einem Café auseinandergenommen, nur weil er schwarz sei, ein Angriff auf seine Integrität. Nevenka war damals auf ihn zugegangen und hatte ihm so weit möglich die Situation erklärt. «Es wurde ihm sicher nicht leicht um Herz, aber vielleicht konnte er danach besser verstehen.»

Aber auch wenn der abgewiesene Asylsuchende aus der Mongolei mit einem Zweite-Klasse-Billett in der ersten Klasse Zug fährt und für diese Übertretung eine Busse kassiert, ist das Grund für Erklärungen und Gespräche über Werte und Normen in der Schweiz. «Es sind die kleinen Dinge des Alltags, die hier Wichtigkeit erlangen. Minimalste Integrationsflächen, die sich überhaupt noch bieten, die aber doch elementar sind für ein gelingendes Zusammenleben.»

Und Zusammenleben wird in der Notunterkunft grossgeschrieben.

Nähe und Distanz

Im Kanton Zürich existieren zurzeit fünf Notunterkunftszentren. Eines in Embrach, eines in Zürich-Altstetten, eines in Adliswil, eines in Kemptthal und eines in Uster. «In Uster haben wir wunderbares Personal, langjährig dabei, sehr feinfühlig und kompetent. Diesen Beruf kann man nicht erlernen; er basiert auf Erfahrung. Du kannst zwar mündlich beschreiben, was soziale Kompetenz und interkulturelle Feinfühligkeit bedeuten, wie man das aber lebt und Tag für Tag umsetzt, das muss als Kern schon in einem drin vorhanden sein. Dann strahlt es auch nach aussen und kann Wirkung tragen.»

Immer wieder ist es wichtig, Grenzen zu setzen und dabei gleichzeitig Beziehung möglich zu machen. Bei jeder neuen Zuweisung weiss Nevenka, da kommt ein Mensch, der eine Weile bleiben wird, aber es wird auch der Tag der Trennung kommen. Wie lange die Zeit des Zusammenlebens dauert, weiss keiner.

Die Haltung der Behörden ist klar: Diese Menschen haben kein Recht mehr, hier zu bleiben. Sie haben alle eine Ausreisefrist erhalten, und sie haben diese Ausreisefrist verletzt. Mehr als Nothilfe kann ihnen nicht mehr zugestanden werden. So will es auch eine Mehrheit der Schweizer Stimmbürger, die im Jahr 2006 an der Urne für ein verschärftes Asylgesetz gestimmt haben. «Aber diese Menschen sind nun einmal da, und sie gehen auch nicht so ohne Weiteres wieder weg, und oft gibt es auch keine Mittel, sie mit Gewalt auszuschaffen.»

Was bleibt, ist der kleinste gemeinsame Nenner, ein oder zwei universelle Werte, die für alle von Bedeutung sind: «Sie alle wollen mit Respekt behandelt werden, und sie alle schätzen Hilfsbereitschaft. Das ist es, was wir hier erleben: Respekt vor dem anderen und eine grosse Solidarität.»

Auf fachlicher Ebene vermitteln Nevenka und die Betreuer den Bewohnern Sicherheit und Klarheit, geben ihnen Leitlinien, eine Reling auf dem sinkenden Schiff. Auf emotionaler Ebene bringen sie ihnen echtes Interesse, Verständnis und Respekt entgegen. «Wenn wir bereit sind, Ehrlichkeit zu zeigen, werden wir auch in den meisten Fällen Ehrlichkeit zurückbekommen. Durch meine langjährige Erfahrung weiss ich, dass der Aufbau einer vertrauensvollen Beziehung auch an diesem Punkt des Asylverfahrens keine Utopie ist.»

Natürlich brauchen einige mehr Zeit als andere. Die unbegrenzte Aufenthaltsdauer in der Notunterkunft hat also auch etwas Positives an sich, sie ist eine Chance, Alternativen zu suchen, die das Gute fördern, anstatt übereilt zu Sanktionen zu greifen. Für die Leiterin der Notunterkunft Uster heisst das nichts anderes, als dass sie sich auf den Weg macht, bei Schwierigkeiten eben dieses Gute aus ihrem Gegenüber herauszuholen. Aus jedem Einzelnen: «Es geht um die Frage, ob man ein Interesse daran hat oder nicht. Mittel, zu sanktionieren, stehen genügend zur Verfügung. Von der einfachen mündlichen Verwarnung bis hin zum Hausverbot; darum allein aber kann es in meiner Arbeit nicht gehen.»

Die Heimat in vielen Ländern
Wer ist diese Frau, die da so klar von realisierbaren Utopien erzählt?

Aufgewachsen ist Nevenka bei ihren Grosseltern im ehemaligen Jugoslawien, genau genommen in Budumiri, einer steintrockenen Ortschaft im dalmatischen Hinterland, die mehr aus Fels, denn aus fruchtbarem Boden besteht. Emigrierten die Ersten nach dem Ersten Weltkrieg noch aus wirtschaftlichen, so wanderten nach dem Zweiten Weltkrieg die meisten aus politischen Gründen ab; Budumiri hat sich mit den Jahren fast gänzlich entvölkert. Auch Nevenkas Eltern waren in den 1960er-Jahren nach Deutschland ausgewandert als sogenannte Wirtschaftsflüchtlinge, in einer Zeit, in der der Westen händeringend nach billigen Arbeitskräften verlangte.

Damals, als Nevenka mit dreiundzwanzig Jahren und einem Baby an der Brust selber ihrem Mann in die Schweiz nachfolgte, gab es praktisch nur die eine Möglichkeit für sie: das Gastgewerbe. Als gelernte Buchdruckerin war ihr aber wichtig, ihr Können auch hier einzubringen, also machte sie sich daran, eine entsprechende Arbeit zu suchen. Ermüdend war das und auch frustrierend, als Mensch zweiter Klasse gehandelt zu werden. Der Arbeitgeber, der sie schliesslich einstellte, belohnte ihre Mühe; innert kürzester Zeit übertrug er ihr die Verantwortung für die grössten Maschinen des Betriebs, und Nevenka wusste, «ich kann es hier schaffen». Schwierig zu organisieren war auch die Unterbringung des Kindes. «Ich weiss noch, ich ging völlig unbedarft aufs Sozialamt und fragte dort nach einem Krippenplatz. Ich hatte damals die Idee, dass mir die nette Frau vis-à-vis des Tisches sicher gleich eine Adresse in die Hand drücken würde. Dem war aber nicht so, und ich musste mit aller Kraft das Heulen unterdrücken, als ich das Hochhaus am Helvetiaplatz in Zürich unverrichteter Dinge wieder verliess. Ich schleppte mich ins Restaurant gegenüber und bestellte zuerst einmal etwas zu Essen. Mit leerem Magen sieht alles nur viel schlimmer

aus. Wenig später gesellte sich ein Obdachloser zu mir, der fragte mich: ‹Was luegsch so truurig?›, und wir kamen ins Gespräch. Mit ihm teilte ich meine Portion Essen. Es war diese kleine Begegnung, die mir die Augen geöffnet hat, und auch das Herz. Ich schöpfte neuen Mut.»
Nevenka, bald schon geschieden von ihrem Mann, wohnte damals in einem Hochhaus im Zürcher Kreis 3. Ihre direkten Stockwerknachbarn waren eine Klavierlehrerin, eine schizophrene 75-Jährige und ein verwirrter Chemiker, der Handorgel spielte. Gemeinsam sind sie oft zusammengesessen, haben geredet und musiziert, gekocht und gegessen. «Es waren Kosmopoliten oder kranke Leute. Die merkten keinen Unterschied, die interessierten sich nicht dafür, woher ich komme, ob ich geschieden war oder verheiratet, sie haben mich einfach akzeptiert.»

Nevenka war in diesen ersten Jahren in der Schweiz dermassen durch das tägliche Zurechtkommen absorbiert, dass sie ihre eigene Integration in den neuen Kulturkreis kaum wahrnahm, «ich kämpfte Tag für Tag ums Elementare. Du musst leistungsfähig sein, damit du dich in der Schweiz integrieren kannst. Alles läuft über die Leistung hier.»

Nevenka war sich hartes Anpacken aus ihrer Heimat Budumiri gewohnt. Oft dachte sie an ihre Grossmutter, die im fast gänzlich leeren Dorf allein zurückgeblieben war. Diese Grossmutter hat, während sich die Welt um sie veränderte und sie stetig blieb, zeit ihres Lebens in sechs verschiedenen Staaten gewohnt, ohne das Haus je verlassen zu müssen. Tatsächlich stellt der kleine Ort Budumiri einen eigentümlichen Rekord auf, im Zuge der veränderten politischen Verhältnisse wechselte er die Regierung zu Lebzeiten Nevenkas Grossmutter ganze sechs Mal: Gestartet mit der k. u. k. Monarchie Österreich Ungarn, über das Königreich Jugoslawien, wurde Budumiri später Mussolinis Italien zugeschlagen, danach war es für eine kurze Zeit Teil der unabhängigen Republik Kroatiens, um sich als Tropfen in Titos Meer der Sozialistischen Republik Jugoslawien zu verlieren. Heute weht auf seinen Schollen die Flagge des unabhängigen Kroatiens. Vielleicht ist es das, was Nevenka mitgebracht hat, als sie in die Schweiz migrierte: die Spontaneität und der lockere Umgang mit Veränderung. «Die vielen Unsicherheiten machen dich auch frei. Man lernt, mit dem zu leben, was man heute hat.»

Erschwerte Umstände
Als Resultat eines Langzeitlebens am Rande der Gesellschaft zeigen sich bei den Bewohnern in der Notunterkunft Unzufriedenheit, Gefühle von Hilflosigkeit und Angst. Diese Komponenten können bereits bei kleinsten Ereignissen in verbale oder körperliche Konflikte ausschlagen. Die Beobachtung der Art der Auffälligkeit, beziehungsweise das Ausmass, in welchem sich das Umfeld davon beeinträchtig fühlt, erlaubt es Nevenka und ihrem Team, festzustellen, ob es sich bei einem auffälligen Bewohner tatsächlich um einen psychisch erkrankten Klienten handelt oder um eine situativ bedingte Aggression, etwa als Selbstbehauptung. «Zu unseren Aufgaben gehört es zu erkennen, ob eine Person zum eigenen Schutz und zur Sicherheit aller in fachliche Behandlung gehört. Bewohner, die Aggression als Durchsetzungsmittel einsetzen, haben vorübergehend die Selbstkontrolle verloren. Sie sind aber trotzdem fähig, Verantwortung zu übernehmen; sie versuchen wir zu einem anderen Verhalten zu animieren.»

Den Bewohnern der Notunterkunft einen gewaltlosen Umgang mit anderen aufzuzeigen wird am ehesten dadurch erreicht, indem die Betreuenden sich selber um einen gewaltlosen Umgang bemühen; die ruhige und besonnene Art, Konfliktsituationen zu begegnen, ist eine der zentralen Herausforderungen für die Angestellten in Nothilfe Zentren. Denn Grund für Frustrationen unter den Bewohnern gibt es immer wieder: 60 Prozent der jungen Männer, die zurzeit in der Notunterkunft Uster untergebracht sind, stammen aus Nigeria. Nigeria, bevölkerungsreichster Staat Afrikas mit über 250 verschiedenen Völkern und einem mindestens ebenso vielfältigen Religionsfächer; Nigeria, Übergangsbereich zwischen West- und Zentralafrika, mit seinen Grenzen zu Niger, Tschad, Kamerun und Benin, mit seinem Golf von Guinea, der Bucht von Benin und der aus den späten 1960er-Jahren tragisch in die Weltöffentlichkeit geratenen Region Biafra; Nigeria, sechstgrösster Erdölproduzent innerhalb der OPEC-Staaten, mit seinem Bruttoinlandsprodukt von 214,4 Milliarden US-Dollar zu den grössten Volkswirtschaften Afrikas zählend – da kommt unweigerlich auch die Frage auf: Wo sind die jungen Männer aus Nigeria? Warum ziehen sie das Leben in einem Bunker einem Leben in ihrem Heimatland vor?

Aber Nigeria ist eben auch das Land der Korruption, des Vorschussbetrugs, Land der Entführungen und Lösegeldforderungen, ausgebeuteter Menschenrechte, erniedrigender Behandlung durch Behörden und Polizei, Land der Folter, Misshandlung und öffentlicher Hinrichtungen selbst von Minderjährigen. Und als wäre das nicht genug, fordern regelmässig Epidemien ungezählte Opfer; was Wunder erreicht die Lebenserwartung bei den nigerianischen Männern nur dürftige 51,3 Jahre, und bei den Frauen 51,7.

Die Kolonialzeiten sind längst vorbei, das Militär ist abgezogen ... aber die Wirtschaftskolonien sind geblieben. Der Wohlstand der westlichen Länder wird auch importiert. Zum Teil, und wie im Fall von Nigeria, aus Ländern, deren junge Männer der Westen nicht als Flüchtlinge anerkennen will.

Indes, Wirtschaftsflüchtlinge sind auch Flüchtlinge. Für sie bleibt schliesslich das Überleben mit dem Minimum. Ein Minimalstandard der Nothilfe sind die 60 Franken, die ein NEE pro Woche ausgehändigt bekommt. Dieses Geld holt er sich täglich in Form von Migros-Gutscheinen ab. Die Migros wurde als Partnerin gewählt, weil sie keine Luxusartikel anbietet, keinen Alkohol und keine Zigaretten. Deshalb auch sind die Bewohner froh, wenn ab und zu besagter Freund vorfährt und unverkäufliche Innereien ablädt, auch wenn die Küche hernach etwas streng riecht, eine kleine, erbauliche Abwechslung allzumal.

Alle sieben Tage müssen einige Bewohner die Unterkunft wechseln, eine stete Rotation im System, die, zusammen mit dem Lüftungsventilator, der unaufhörlich und unter beständigem Getöse Luft in die Unterkunft unter der Erde schwingt, ein Grund mehr darstellt, sich unerwünscht zu fühlen. Auch dies eine Verschärfung neuerer Zeit. Offiziell nennt sich diese Erfindung *Dynamisierung*.

Nawzad Kareem, Rückkehrberater

Leiter Asylwesen, Schweizerisches Rotes Kreuz, Kanton Glarus

geboren im Jahr 1959 in Erbil (Gomashin), irakischer Teil Kurdistans
in der Schweiz seit 1983

Drei Doppelflügelfenster, viel Nussbaumholz, ein Kachelofen – das Büro von Nawzad Kareem, Leiter des Asylwesens SRK im Kanton Glarus, spiegelt im Innern die Idylle wieder, die das gesamte Haus Rain von aussen umgibt. Situiert am östlichen Ufer der Linth, gegenüber von Glarus, am Fuss des Schilt, thront es auf der Sonnenseite des Tals. In seinen handlichen Gärten reifen Gurken, Zwiebeln, Kartoffeln und Salatköpfe heran. 1821 erbaut, war das klassizistische Wohnhaus ursprünglich Zuhause für eine wohlhabende Familie der Textilindustrie, später bestimmte die evangelische Kirchengesellschaft Zürich über seine Zwecke, daher auch die Auflage, das Herrschaftshaus fortan als Heim zu nutzen. Es diente als Kinderheim, als Alkoholikerheim und schliesslich, seit 1988, als Durchgangszentrum für Asylsuchende. Seit da gehört es zum Kanton grad ebenso natürlich wie der Föhn in den Tälern oder die Wanderer oben am Klöntalersee.

Auf die Frage, ob er, Nawzad Kareem, Dialekt verstehe, antwortet dieser mit Vorzug: «Gäre Glarner Dialäggd», was ihm an den zahlreichen Sitzungen oben in Bern, wenn es wieder einmal um eine Änderung des Asylgesetzes geht, regelmässig verlegenes Lächeln einbringt. Und einen Punkt Vorsprung.

«Ich bin ein eher extrovertierter Mensch. Ich mische mich gerne in Diskussionen ein, ich sitze nicht nur da und höre zu; ich mache mit.»

Schweiz und Asyl

Mit seinen über zwanzig Jahren Erfahrung im Asylwesen Schweiz ist er mit den Gesetzen und Bestimmungen bestens vertraut. Er hat die heissen Achtzigerjahre des letzten Jahrhunderts aktiv miterlebt, in denen Asylsuchende als *Unmenschen,* als *gefährliche Tiere* angesehen worden waren, von denen man sich unbedingt in Acht zu nehmen habe. Und er setzt sich auch heute noch regelmässig an die Stammtische in den Beizen, wenn es um eine neue Abstimmungsvorlage geht, über die Herr und Frau Schweizer befinden.

«80 Prozent der Schweizer sind interessiert an Fragen zum Asylwesen, nicht alle 80 Prozent jedoch an den positiven Seiten, aber immerhin: Interesse ist da.»

Einer gewissen Partei habe er es da sogar zu verdanken, dass es ihm in seinem Beruf nie langweilig werde. Das hält ihn in Bewegung. Und auch die innerkantonalen Bewegungen halten ihn auf Trab. Dann zum Beispiel, wenn ein neues Zentrum eröffnet werden soll oder eine Verschiebung stattfindet. Der überschaubare Kanton Glarus, der 1352 der Eidgenossenschaft beigetreten war, verfügt zur Zeit über das Durchgangszentrum Rain in Ennenda, über ein Zentrum in Linthal, über eines in Rüti, ein weiteres in Näfels und demnächst auch über eines in Niederurnen; es kommen aber nicht einfach mehr Asylsuchende in den Kanton, es handelt sich um eine Verschiebung ins Unterland, um das Hinterland zu entlasten. Solche Bewegungen werfen immer Fragen auf, Fragen, die sich in all den Jahren gleich geblieben sind: *Wird es nun laut, wenn die da kommen? Verliert mein Haus nun an Wert, wenn nebenan Asylsuchende wohnen? Werden unsere Meitli jetzt auf der Strasse angegrabscht? Müssen wir die Wäsche nun reinhängen?*

«Es gibt viele verschiedene Vorwürfe und Ängste, und nicht alle unberechtigt, und es ist auch nicht so, dass alle rassistisch wären.» Überhaupt hat Nawzad in seiner Berufskarriere im Kanton Glarus kein einziges Mal rassistische Übergriffe erlebt und auch keine fremdenfeindlichen Beschimpfungen gegen seine Person oder gegen eine Bewohnerin oder einen Bewohner des Heims; sein Mittel ist ein probates, es ist das Mittel des Gesprächs. Unermüdlich leitet er Diskussionsrunden und nimmt an Austauschgremien teil, hört sich die Befürchtungen an und leistet Aufklärungsarbeit. Er weiss, die Zeit wird ihm recht geben. Wie im Fall einer geplanten Asylunterkunft in einem Chalet, um die Nachbarn im Vorfeld viel Aufhebens gemacht haben. Als Nawzad zwei, drei Wochen nach Einzug der Asylsuchenden einmal im gegenüberliegenden Restaurant einkehrte, fragte ihn der Wirt: «Sind die überhaupt schon da? Man sieht so nichts von ihnen ...»

Manchmal, selten, muss Nawzad aber auch die Offenherzigkeit einzelner Bürgerinnen und Bürger bremsen. Eine Dame in ihren Achtzigern freute sich dermassen über den Neuzuzug, dass sie bereitwillig erklärte, die Asylsuchenden können dann schon ab und zu herüberkommen zu ihr, *go Käfele,* sie sei ja da und habe Zeit.

Rückkehrberatung

Nawzad nimmt es sportlich. Und mit einem zuweilen fast schon schicksalsergebenen Pragmatismus, jedoch nie, ohne das Ziel aus den Augen zu verlieren, nämlich überall und zu jeder Zeit wichtige Integrationsarbeit zu leisten. Als Leiter ist er zuständig für alles und jeden. Er kennt das Asylwesen aus dem Effeff, und obwohl die Gesetze in den letzten zwanzig Jahren von hinten bis vorne umgekrempelt worden sind, obwohl sich die Arbeitsmöglichkeiten für Asylsuchende verschlechtert haben, die Unterstützung eine geringere ist, so ist doch vieles auch ganz einfach gleich geblieben: «Wir haben immer noch Asylsuchende, es kommen immer wieder neue dazu, und es gehen auch längst nicht alle wieder weg. Wichtig ist doch, dass Herr und Frau Schweizer das mittlerweile als normal ansehen, es gehört ganz einfach mit zur Schweiz dazu.»

Als in den 1990er-Jahren die Idee aufgekommen war, eine Rückkehr ins Heimatland mit verschiedenen Anreizen schmackhaft zu machen, um so zu verhindern, dass Asylsuchende mit einem negativen Entscheid untertauchten, fand das Nawzad eine gute Idee und war zur Stelle. Auf Kantonsebene war er dabei und hat mitgestaltet. Schliesslich wusste er auch aus eigener Erfahrung, dass Asylsuchende zumeist alles zurücklassen und die wenige Habe zu Geld machen mussten, mit welchem die Schlepper ihre Wucherwege pflastern.

Heute ist die Rückkehrberatung ein weitgehend individualisierter Prozess. Je nachdem, in welches Herkunftsland ein abgewiesener Asylsuchender zurückkehrt, wie sich die Situation dort für ihn gestaltet und was er plant aufzubauen, kann er verschiedene Unterstützungsgelder und -hilfen in Anspruch nehmen. Da ist zum einen die Basispauschale von 1000 Schweizer Franken für jeden Erwachsenen, der pflichtgemäss zurückkehrt. Zum anderen können bis zu 3000 weitere Franken als Zusatzhilfe zum Tragen kommen, wenn ein Businessplan vorgewiesen wird, der Erfolg verspricht. Für Kranke gibt es medizinische Hilfe, und für besondere Fälle Unterstützung bei der Wohnungssuche, «Ausnahmen bestätigen die Regel. In der Rückkehrberatung ist vieles möglich, und auch das Bundesamt für Migration ist nicht mehr das Bundesamt für Migration, das es vor zwanzig, dreissig Jahren einmal war. Es gibt verschiedene Länderprogramme und Möglichkeiten, die wir im Gespräch individuell erörtern.»

Die Betroffenen kommen freiwillig und mit einem echten Interesse an der Information in die Beratung. Wichtig ist, niemanden zu bevormunden und es nicht besser wissen zu wollen. Nawzad spricht denn auch ganz offen mit ihnen über alle Varianten, über die Vor- und Nachteile eines Rekurses, einer Rückkehr oder eines illegalen Untertauchens in der Schweiz. Besonders im letzteren Fall ist es wichtig, dass die Betroffenen ganz genau verstehen, worauf sie sich einlassen.

Eine Rückkehr in ein Heimatland, das man vor Jahren fluchtartig verlassen hat, um Leib und Leben zu retten, ist kein Schritt, der sich leichthin tut. Es braucht auch hier, was Nawzads Spezialität ist: Annäherung im Gespräch.

Vom Punkt in der Mitte

Und selbst bei einer Rückkehrberatung findet Integration statt: «Integration bedeutet für mich den Austausch zwischen zwei Standpunkten. Solange wir uns von unseren jeweiligen Standpunkten nicht wegbewegen, passiert keine Integration. Dann sind wir zwar mit unserer jeweiligen Gesellschaft verbunden, aber nicht miteinander. Integration ist der Punkt in der Mitte, an dem wir uns treffen, wenn wir gleichberechtigt sind; wir müssen uns bewegen. Falls wir nicht gleichberechtigt sind, falls da eine Mehrheit ist und eine Minderheit, müssen wir definieren, jeder für sich, wo nun der Punkt in der Mitte ist, an dem wir uns treffen wollen. Natürlich kann sich eine Minderheit besser bewegen als eine Mehrheit, aber Integration geht nicht in eine einzige Richtung allein. Der Schweizer muss einen Schritt machen, damit der Ausländer zwei machen kann. Wenn der Schweizer keine Türe offenhält, kann auch keine Integration stattfinden.»

Integration als Begegnungspunkt also? Für Nawzad ganz klar *ja*.

«Es ist in der Schweiz manchmal schwierig, akzeptiert zu werden. Man verlangt zwar von uns, dass wir uns integrieren, aber als Ausländer in einem Schweizer Verein, da bekommt man rasch einmal das Gefühl, das fünfte Rad am Wagen zu sein. Man spürt, dass man nicht gebraucht wird, und natürlich kann man sich als Fremdsprachiger auch nicht sofort einwandfrei auf Deutsch unterhalten, geschweige die verschiedenen Dialekte verstehen. Und dann sitzt man da, wie bestellt und nicht abgeholt, da hat man keine grosse Lust mehr, weiter mitzumachen. Ausser Fussball, da wird gerannt und nicht gesprochen. Integration braucht Begegnungen mit Menschen, die bereit sind zu akzeptieren, die sagen: *Okay, jetzt höre ich dir eine Weile zu, auch wenn es manchmal schwierig ist zu verstehen, auch wenn du anders tönst als wir, ausländisch eben* – das ist Integration von beiden Seiten für mich.»

Indem Nawzad alle Möglichkeiten in der Rückkehrberatung abwägen lässt, indem er allen Gedankengängen gleich viel Aufmerksamkeit schenkt, den wenig sinnvollen und den sinnvollen, fördert er die beiderseitige Suche nach diesem Punkt in der Mitte, von dem schliesslich neu ausgegangen werden kann.

Weltveränderer

Nawzad Kareem war nicht immer Ausländer – obwohl, beinah. Als kurdisches Kind in Gomashin und später als kurdischer Jugendlicher in Arbil, im Norden Iraks, wuchs er schon früh mit dem Anspruch auf, der an ihn, seine Familie und alle Kurden gestellt wurde: sich dem Regime von Saddam Hussein und damit allen Arabern zu unterwerfen. Nawzads Vater war als Peschmerga, als Aufständischer, gefallen, ebenso einer seiner Brüder. Eine seiner Schwestern stürzte bei der Todesnachricht so unglücklich, dass auch sie verstarb. Nawzads Mutter, die fortan Vater und Mutter für ihn war, bestand darauf, dass er bei einer Tante in Arbil wohnen ging, um die Schulbildung zu komplettieren und um später in Bagdad zu studieren. Solange man nicht herausfände, wessen Sohn er war, solange er nur einfach irgendein Nawzad Kareem war, würden ihm auch keine allzu grossen Schwierigkeiten bereitet. Dachte sie. Aber in der Universität wurde systematisch Druck auf die Studierenden ausgeübt, sie sollten der Partei von Saddam Hussein beitreten. Nawzad erfand Ausrede um Ausrede und merkte, dass ihn der Geheimdienst aufs Korn nahm. Immer seltener konnte er die Uni besuchen, die letzten zwei Jahre hatte er nurmehr an den Prüfungen Teil genommen und sich sonst möglichst nicht blicken lassen. Als Student der Krankenpflege und Medizin hatte er allerdings auch angefangen, Medikamente und medizinisches Zubehör abzuzweigen, um es an Partisanengruppen zu verteilen. Als er sich von Geheimdienstlern regelrecht umzingelt fühlte und sich die Schlinge allmählich zuzog, flüchtete Nawzad in die Berge. Nördlich von Arbil, an der Grenze zur Türkei und zum Iran, versteckte er sich mit zersprengten Partisanengruppen in den Höhlen. «Es war hart. Sehr hart. Aber ich war nur eine verhältnismässig kurze Zeit dort.»

Nawzad spricht von einer Dauer von drei Jahren.

Drei Jahre, in denen er von Berg zu Berg zieht, von einer Höhle zur anderen, drei Jahre, in denen ein Feuer in offenem Gelände den eigenen Tod bedeuten könnte, drei Jahre, in denen Saddams Hubschrauber die Luft zerschneiden des Tags und des Nachts, drei Jahre auch, in denen er auf die Hilfe von einfachen Bauern angewiesen ist, um zu überleben. «Natürlich waren wir auch bewaffnet, die Bauern waren auch nicht immer erfreut, einen Mund mehr zum Füttern zu haben, Kleider an uns abzugeben oder Schuhe», und Schuhe waren ganz besonders wichtig, «die Sohlen mussten wegen der steten Wanderungen immer wieder geflickt werden.»

Einmal musste er siebzehn Tage lang gekochten Weizen essen, weil sonst nichts aufzutreiben war, «es ging mir nicht immer gut dort oben».

Was denkt man da?

«Man möchte die Welt verändern. Man ist so idealistisch eingestellt. Ich habe so viel Unrecht gesehen, das gegen Kurden ausgeübt worden ist und gegen meine eigene Familie. Man sagt sich, ich mache so lange weiter, bis wir Kurden leben können wie alle anderen Menschen auch.»

Viele sind 1983 gefallen. Neue Gesichter kamen dazu, die das Leben im Versteck verhärmte. Einmal kam auch seine Mutter und brachte ihm Dolma mit, eine Spezialität, ein Festessen, das ihn an alles Gute erinnerte, das ihm fehlte. So aufgewühlt war er empfänglich für die Worte, die sie zu ihm sprach: *Geh weg.*

«Konnte ich meiner Mutter noch einen Tod in unserer Familie zumuten? Nein. Also habe ich auf sie gehört.»

Eine flüchtige Existenz

Zu Fuss ging es in den Iran. Das Geld, das ihm seine Mutter gegeben hatte, fest an sich gepresst. In Teheran, so wusste er, konnte er sich auf einer Art Migrationsamt anmelden, sofern er den Beweis erbrachte, dass er sich ein Flugticket beschaffen konnte. Da Nawzad aus seiner Studentenzeit einen Pass besass, ein Gut, wertvoller noch als Gold, und da er einmal ein Jahr als Austauschstudent in Irland verbracht hatte, war er diesbezüglich zuversichtlich. Einzig die Frage des Flugpreises bereitete ihm Sorgen.

Der Zufall wollte es, dass ihm im Hotel Pension Suisse in Teheran ein ehemaliger Studienkollege über den Weg lief, der ihm das fehlende Geld lieh und mit dem zusammen er schliesslich die Flucht fortsetzte. Von Teheran ging es nach Wien und von dort weiter nach Sofia, wo Nawzad und sein Kollege acht Tage im Transitbereich festgehalten worden waren, ohne Essen und nur mit Wasser, das sie sich auf der Herrentoilette besorgten. Bulgarien pflegte damals enge Beziehungen zum Irak, und Nawzad wurde im Dunkeln darüber gelassen, wie es mit ihm weitergehen sollte. Am neunten Tag hat man die beiden dann ungewollt von Bulgarien aus nach Libyen geschickt. «Libyen unterhielt damals keine Beziehungen zum Irak, wir hatten Glück.» Indes, Libyen wollte Nawzad nur dann einen Aufenthalt gewähren, wenn dieser für die Libyer aktiv geworden wäre, und das war für Nawzad ausgeschlossen. Er sagte: «Ich will nach Irland; Irland kenne ich.»

Aber die Iren gaben ihm kein Visum, so ging der Spiessrutenlauf weiter. Schliesslich hat sich Nawzad ein Flugbillett nach Schweden gekauft mit einem Zwischenstopp in Zürich. «Ich musste meine schriftliche Einwilligung dazu geben, dass, würde ich je wieder nach Libyen kommen, man mich sofort verhaften könnte.»

Zusammen mit seinem Studienkollegen und einer fremden sechsköpfigen Familie, die Familienmutter hochschwanger, landete er also in Zürich-Kloten. Die Flughafenpolizei war sofort zur Stelle, aber Nawzad beteuerte, er wolle weiterfliegen nach Schweden.

«Schweden wird dich nicht haben wollen», war die vernichtende Antwort, «die werden dich zurück zu uns schicken, und hier kannst du nicht bleiben.»

Man schlug vor, Nawzad und seinen Kollegen zurück nach Libyen fliegen zu lassen, «aber da hätte ich ja gleich wieder in den Irak können. Ich war erschüttert.»

Drei Tage im Transitbereich des Flughafens Kloten, und am dritten Tag hat Nawzad plötzlich ein irakisches Flugzeug gesehen, «da habe ich wirklich Angst bekommen». Eine Rückkehr in den Irak hätte auf jeden Fall sein Ende bedeutet, Tod durch Erhängen. Oder schlimmer.

In seiner Not ist ihm die Telefonnummer eines Angestellten des UNHCR eingefallen, den er damals bei seinem Auslandsstudienjahr kennengelernt hatte: Er wählte die Ziffern auswendig. Eine Frau ging an den Apparat, und Nawzad schilderte seine Situation. Und da waren sie, endlich, die ersten Worte seit Langem, die Beruhigung versprachen, die Frau sagte schlicht: *Nein, nein, die Schweiz kann euch nicht zurück in den Irak schicken.*

Geburt auf neuem Boden

Nawzads Odyssee steht symptomatisch für die Flucht vieler. Und doch hat nicht jeder das Glück, eine Nummer zu einem Tischapparat des Hohen Flüchtlingskommissars der Vereinten Nationen, UNHCR, zu kennen, und von einem Kamerateam des Schweizer Fernsehens und einem Rechtsanwalt aus der Bredouille herausgeholt zu werden, welche der Flughafen Zürich-Kloten für viele Gestrandete bedeutet. «Es sind die Sachen, die einen nicht umbringen, die einen stark machen, so sagt man doch. Auch jetzt werde ich emotional, wenn ich daran denke. Je älter ich werde, desto mehr sehe ich: Es ist gut, am Leben zu sein.»

*

Einen kleinen Nachtrag zu Nawzads Geschichte gibt es noch. Und zugleich eine erste Berührung mit der neuen Gesellschaftsordnung, in die er sich fortan zu integrieren hätte.

Die fremde Schwangere hatte am zweiten Tag im Transitbereich laut zu schreien begonnen. Die Flughafenpolizei meinte wohl, ja, ja, das

Theater kennen wir schon, aber am Tag, als beauftragt durch das UNHCR das Fernsehteam auftauchte und der Anwalt, wurde die Frau ins Zürcher Universitätsspital gebracht. Nawzad an ihrer Seite als Übersetzer. Ein Ultraschall wurde gemacht und umgehend die Geburt eingeleitet. Es hiess, wenn das Kind überhaupt noch lebe, dann müsse es sofort herausgeholt werden. Nawzad wartete im Flur. Mit einem Male stand da eine Krankenschwester neben ihm und herrschte ihn an: «Gopf, so kommen Sie doch rein, wir sind hier nicht im Irak! Hier sind wir in der Schweiz, Sie müssen doch dabei sein!»

Nawzad, verwirrt, aber motiviert, das Richtige zu tun, ist also in das Zimmer hineingegangen, den eigenen Blick überall dorthin gerichtet, wo die fremde Frau nicht war. Ein Arzt fragte ihn: «Sind Sie der Vater?»

«Nein.»

«Dann raus, raus, machen Sie, dass sie rauskommen, sofort!»

Die Frau hat die Geburt überlebt, so auch das Kind. Aus ihm ist zwischenzeitlich ein erwachsener junger Mann geworden.

Und aus Nawzad ein Schweiz-Kurdischer Doppelbürger, der, mittlerweile selbst zweifacher Vater, genau weiss, dass er in der Schweiz der Geburt seiner Kinder beiwohnen darf – und dass dies hierzulande sogar gern gesehen wird.

Wenn am einen Ufer des Ozeans die Flut herrscht, ist am anderen Ebbe. In einer globalisierten Welt, welche Unterschiede verschärft, anstatt sie anzugleichen, schwemmt eine solche Flut unweigerlich auch Opfer einer Ebbe an.

Ehemalige Saisonniers, aussereuropäische Arbeitsmigranten, abgewiesene Asylsuchende und NEE, die in der Schweiz bleiben – sie machen den Grossteil der Papierlosen aus, der Sans-Papiers. Fast immer sind es Gründe des Überlebens, die zu diesem Entscheid, eine Existenz in der Schattenwelt zu frönen, führen. Unsichtbar, und dennoch substanziell bedeutend, sitzen diese vorsichtig auf 90 000 geschätzten Sans-Papiers neben uns auf der Trambank, pflegen Nachbars Garten, moppen die Büros unserer Chefs, stechen unserer Bauern Zuckerrüben aus dem Feld, zahlen monatlich Krankenkassenprämien, halten sich an Waschküchenordnungen und schicken ihre Kinder zum Deutschunterricht und in die Schule.

Integriert und doch nicht, sind sie Teil unserer Gesellschaft, indes: unerlaubt.

Sie führen ein elastisches Leben, sind es gewohnt, umzuziehen. Und dabei alles zurückzulassen, wenn die Polizei vor der Türe steht. Sie unternehmen, was sie können, um nicht aufzufallen.

«Kein Mensch ist illegal» – mit viel Zivilcourage und Engagement wirken Anlaufstellen und kämpfen für eine Besserstellung der Papierlosen. Und auch untereinander stehen sich die Betroffenen immer wieder bei – Solidarität an den ausgefransten Rändern der Schweiz.

Candelaria Palacios,* Mediatorin

freiwillig und unbezahlt tätig für die Sans-Papiers-Anlaufstelle Zürich

geboren im Jahr 1957 in einem Land Südamerikas wohnhaft in der Schweiz seit 2002, als sogenannte «Papierlose», also ohne gültige Aufenthalts- und Arbeitsbewilligung

*Name und Herkunft bleiben im Verborgenen, genauso, wie sich Sans-Papiers in der Schweiz unauffällig und im Verborgenen bewegen

In Candelaria Palacios Kopf hallen viele Echos. Ganze Welten befinden sich da, haufenweise Befürchtungen und Ängste, innere Stimmen, die sie niederringen muss, um jeden Tag aufs Neue zu bestehen, aber auch Klänge der Hoffnung, und ein Antreiber vor allem, der ihre Zielstrebigkeit wie ein ewiges Feuer unterhält, der sie dazu anhält, weiterzumachen, präsent zu sein und zugleich unerkannt, der Antreiber nämlich, dass es ihre Kinder besser haben sollen als sie. Dass sie überhaupt eine Chance haben sollen. Er lässt Candelaria den Kopf gesenkt halten und die eigene Stimme klein. «Aber in mir drin tobt ein Schrei, den ich am liebsten rauslassen würde, laut und gewaltig und für alle hörbar. Ich möchte schreien: Seht mich an! Es gibt mich! Ich existiere, hier, mitten unter euch! Manchmal zerreisst es mich fast.»

Mit einem erfundenen Namen, zusammengesetzt aus einem Palast aus Licht und Luft, erzählt sie eine wahre Geschichte.

Kindheit und Jugendzeit

«Ich habe eine sehr schöne Kindheit verlebt in einer Bergbau Siedlung. Mein Vater war die ersten neun Jahre meines Lebens als Minenarbeiter beschäftigt. Je nach Anzahl Kinder bekam man eine Unterkunft zugeteilt mit einem, zwei oder drei Zimmern, einer Küche und einem Bad. Meine Eltern, meine acht Geschwister und ich lebten in drei Zimmern, wir schliefen in Kajütenbetten, die Kinder zu zweien auf einer Matratze.

Wir hatten einen grossen Tisch, Papa sagte immer, wir kochen für zwölf, wir wollen genug haben für einen Gast. Die Brote, die Mama im Ofen, der im Innenhof stand, buk, waren lang und breit, und wir teilten das Brot am Tisch jeweils in zwölf Portionen. Mama war ausserdem der Ansicht, dass Wasser allein kein Getränk sei, also fügte sie getrocknete Früchte hinzu, Saft oder gepresste Weizenkörner, damit es schmackhaft wurde.

Meine Kindheit war einzigartig. Sehr schön, sehr diszipliniert, voller Friede und Zugehörigkeit. Das zentrale Fest war Weihnachten. Die Vorbereitungen dazu begannen für meine Mama jeweils sechs Monate im Voraus, indem sie Kleider für uns nähte. Es gab immer Kleider, Jahr für Jahr. Diese Kleidungsstücke wanderten dann von Kind zu Kind, begonnen beim ältesten, bis hin zum jüngsten, wie auf einer Treppe. Wenn Mama nähte, durften wir nicht gucken kommen, dann verscheuchte sie uns lachend mit den Händen.

Im Jahr 1966 zogen wir in die Hauptstadt, mein Vater wollte mit der Bergbauarbeit aufhören. In der Stadt veränderte sich dann unsere Welt. Wir kannten niemanden, alles war gross, weit, fremd, laut, die bekannten Geräusche verstummten und wurden übertönt durch Lärm. In der Siedlung grüsste man sich, jeder kannte jeden, das ist bei Bergbauleuten so, in der Hauptstadt fand ich mich kaum noch zurecht, so viele Lichtsignale, so viele Autos. Ein Schock für mich. Wir wohnten bei unseren Grosseltern, und die Schule war weit weg. Ich hatte oft Angst, die Hektik und die Grösse der Klassen, wir waren über dreissig Kinder, überforderten mich.

Unsere Eltern arbeiteten beide, wir Kinder organisierten uns mit einem gegenseitigen Hütedienst, die grösseren schauten auf die kleineren, so dass niemand je alleine war.

Den grossen Tisch gab es nicht mehr. Wir assen nun an verschiedenen kleinen Tischchen.

Papa bekam eine Anstellung auf dem Büro einer Bergbaugesellschaft. Mama arbeitete als Lehrerin.

Papa war nicht sehr glücklich bei seiner Arbeit, wollte aber unbedingt, dass wir Kinder studieren konnten. Mit der Zeit aber drohte unsere Familie auseinanderzufallen, einzelne meiner Geschwister gingen ohne Abschluss von der Schule ab, und irgendwann kam Mama auf die rettende Idee, eine Bäckerei/Konditorei zu eröffnen – backen konnte sie ja! Der Plan ging auf, Papa kaufte grosse Maschinen, tonnenweise Mehl, und die ganze Familie arbeitete fortan in der eigenen Bäckerei. In einer Stadt brauchen die Leute viel Brot, sie kaufen grosszügig Süssgebäck, so dass wir alle fast rund um die Uhr arbeiteten, wir schliefen nur fünf oder sechs Stunden pro Nacht. Durch Erfahrung erlernte ich also den Beruf der Bäckerin/Konditorin, und achtzehnjährig bekam ich meine eigene Bäckerei. Ich spezialisierte mich auf Confiserie-Produkte und belieferte die umliegenden Firmen und Banken mit kleinen Stückchen.»

Ehe und Entscheidung
«Mit sechsunddreissig war ich Mutter von vier Kindern, noch immer Bäckerin, und in einer Ehe gefangen, die sehr schlimm war. Mein Mann trank. Seine Aggressionen liess er an mir aus. Für die Bäckerei mussten wir einen Kredit aufnehmen, die Geschäfte liefen nicht mehr gut, das Land war in eine umfassende Krise gerutscht. Eine sehr grosse Arbeitslosigkeit herrschte überall, und ich überlegte mir krampfhaft, wie ich uns da rausholen könnte. Als mein ältester Sohn siebzehn war, hatte er das Gymnasium abgeschlossen und ging auf die Universität, aber wir konnten uns das Leben kaum mehr leisten. Auf meinen Mann war kein Verlass, ich musste den Lebensunterhalt für uns alle verdienen – bloss wie? Nirgends bestand eine Aussicht auf Arbeit.

Mit der Zeit waren die Dinge zwischen mir und meinem Mann sehr schlimm geworden, ich bekam es schliesslich mit der Angst zu tun: Was, wenn ich starb?

Der Zufall wollte es, dass eine Kundin in der Bäckerei mit ihren Kindern einmal Deutsch sprach. Ich kannte sie vom Sehen, in den Wintermonaten war sie oft in der Stadt anzutreffen, sie war schön und elegant, fuhr immer wieder mit anderen Autos vor und kaufte grosszügig Stückchen ein. Ich fragte sie: Was ist denn das für eine Sprache, die Sie sprechen? Und sie antwortete, das ist Deutsch, ich lebe in der Schweiz.

– Die Schweiz – wo liegt denn das?

Es war das erste Mal, dass ich von der Schweiz gehört habe. Diese Frau erzählte mir, wie gut es ihr dort ging, sie sagte, sie sei Ärztin, und alles klang ganz wundervoll.

Ich fragte sie, ob ich nicht auch in diese Schweiz kommen könnte. Und sie meinte, wie soll das gehen? Das sei praktisch aussichtslos. Eines Nachts dann flüchtete ich mich zu ihr und schilderte meine ganze Situation. Ich sagte, wenn ich nicht etwas unternehme, lebe ich nicht mehr lange, mein Mann bringt mich um.

– Alles, was ich von Ihnen brauche, ist eine Einladung in die Schweiz, damit ich mir ein Visum beschaffen kann.

Im folgenden halben Jahr verschlimmerte sich meine Situation dramatisch. Ich habe diese Frau mehrmals in der Schweiz angerufen und gefleht, sie möge mir helfen. Die Kosten für die Telefonate haben mir beinahe den Verstand geraubt. Irgendwann wurde sie weich und versprach, mir zu helfen.

Ich habe alles auf eine Karte gesetzt, ich habe das gesamte Inventar der mittlerweile verschuldeten Bäckerei verkauft, zum Teil zu Schleuderpreisen, um das Geld für meine Reise zusammen zu bekommen.

Auf der Botschaft musste ich beweisen, dass ich mir diese Reise leisten konnte, ich musste Geldgarantien vorweisen, und man fragte mich: Was willst du so eine grosse Reise machen, was willst du in der Schweiz? Ich sagte, ich will nach Zürich Urlaub machen.

– Und was machst du, wenn du dort bist?
– Museen anschauen.
– Wieso gehst du nicht nach Bern?
– Da kann ich ja dann auch noch hin.

Es war ein Kampf mit ungewissem Ausgang.»

Abschied und Ankunft

«Der Moment kam, an dem ich mit meinen Kindern sprechen musste. Mein Ältester verstand mich, aber für die Kleinen war es sehr hart. Meine Mutter versprach, gut auf sie aufzupassen. Sie sagte, geh, arbeite und hilf uns. Du hast die Kraft dazu.

In meinem Ohr höre ich noch, wie mir mein Sohn sagte, *Mami, sei stark, geh jetzt, bevor er dich tötet.*

Wir weinten und redeten und lachten die ganze Nacht; am Schluss waren alle der Meinung, auch die Kleinen, dass ich gehen sollte. Als ich am nächsten Morgen aufstand und meine schlafenden Kinder betrachtete, wusste ich, dass ich diesen schweren Schritt wirklich unternehmen musste.

Als mir die Frau auf der Botschaft meinen Pass übergab, sagte sie zu mir: Schöne Ferien. In meinem Pass prangte ein Visum für zwanzig Tage. Es blieben noch zwei Tage bis zum Abflug. Als ich meinen Mann informierte, lachte er: Gut, dann geh doch.

Für den Flug wählte ich mein hübschestes Sommerkleid. Der Abschied war sehr traurig. Meine Mutter, mein Bruder und meine Kinder, wir alle weinten. Als sich das Flugzeug über mein Land erhob, sah ich es von oben in hellstem Sonnenschein. Die Reise dauerte dann sehr lang. Und als das Flugzeug schliesslich zur Landung ansetzte, war der Himmel dunkel und schwer; ich hatte keine Ahnung vom Wetter in Europa.

Was folgte, war ein einziges Chaos. Ich fror, und ich fragte mich, was ist denn hier los?

Die Grenzpolizei griff mich heraus, und ich stammelte, dass ich kein Wort Deutsch könne. Alle anderen Passagiere durften durchmarschieren, mich behielt man als Einzige zurück. Man durchsuchte meinen Koffer, wo man die Maisbrötchen fand, die ich für die Frau in der Schweiz gebacken hatte. Mit Plastikhandschuhen hob ein Grenzpolizist ein Brötchen an seine Nase und fragte mich, was das sein solle. Ich versuchte es ihm zu erklären, und er lachte mich aus, so etwas dürfe ich nun wirklich nicht in die Schweiz einführen. Dann drängte man mich in eine Kabine, in der ich mich ausziehen und am ganzen Körper abtasten lassen musste. Danach nahm man von mir eine DNA-Probe. Ich fragte die Grenzpolizei: Wozu das alles? Und man antwortete mir, weil ich aus einem Land der Drogen stamme. Keiner lächelte, es war sehr hart für mich, ich war tieftraurig. Ich fragte mich, was ist das bloss für ein Empfang.

Danach liess man mich laufen. Pro forma hatte ich ein Zimmer in einem Hotel reserviert, hatte aber keine Ahnung, wie ich dorthin gelangen sollte. Als ich endlich durch den Zoll war, stand da an der Schranke ein Mann, der das Schild «Palacios» aufhielt; ein Hotelchauffeur. Auf

der Fahrt fiel mir die Schwärze des Himmels auf, alles war so dunkel, es war ja Winter hier, und mir war kalt.
Nun gut. Da war ich also. Immer wieder rief ich die Nummer der Frau an, aber keiner ging ans Telefon. Voller Angst blieb ich im Hotelzimmer die ganzen zwei Tage meiner Reservation, bis ich der Verzweiflung nahe doch noch nach draussen ging und den Treppenstufen hoch zu einer Kirche folgte. Als ich davor stand, öffneten sich die Türen automatisch und lautlos, so etwas hatte ich noch nie gesehen, mir schien, ich trete in ein Schloss ein. Eine Messe war im Gang, und ich blieb.»

Leben in Verborgenheit
«Als ich die Frau schliesslich doch noch erreichte, klang ihre Stimme fremd. Das war nicht mehr der freundliche Tonfall von damals, dieser war kühl, und die gesprochenen Worte knapp. Ohne viel Enthusiasmus willigte sie dazu ein, mich am nächsten Tag abzuholen. Allerdings durfte das niemand merken. Die Frau sagte mir, ich könne höchstens ein, zwei Nächte bleiben. Aber ihr erwachsener Sohn setzte sich für mich ein, er sagte, das geht doch nicht, lass sie wenigstens eine Woche bei dir bleiben.

An was ich mich danach erinnere, ist verschwommen. Der Lärm der Strasse war laut, da waren viele Leute unterwegs, und mit einem Lift sind wir in den obersten Stock eines Wohnhauses gefahren. Dort lebte ich dann drei Monate lang wie eine Gefangene.

Ich durfte kein Fenster öffnen. Ich durfte keine Geräusche machen. Und ich durfte keinem die Tür aufmachen. Mein Geld, das ich gespart hatte für meinen Neuanfang, es waren etwas über Tausend Dollar, hat mir die Frau abgenommen und gesagt, so viel koste die Unterkunft und das Essen. Sie verbot mir, jemals ohne sie nach draussen zu gehen, sagte, es sei gefährlich, Drogenbosse, Prostituierte und Übeltäter überall, dies hier sei die Langstrasse.

Bald stellte sich heraus, dass alles, was sie mir von ihrem Leben in der Schweiz erzählt hatte, eine Lüge war. Die Frau war keine Ärztin. Nichts war wahr.

Nun gut. Ich verbrachte drei Monate allein in dieser engen, kleinen Wohnung, klappte das Bettsofa jeden Morgen wieder zusammen, so wie sie das wollte. Ich tat alles, was diese Frau mir sagte. Ich putzte ihre Wohnung, kochte für sie, wusch und bügelte ihre Wäsche.

Weihnachten 2002 ging sie ihre Verwandten besuchen, und ich verbrachte das grosse Fest mit mir allein.

Eines Tages, als diese Frau auch zu Hause war, klingelte es an der Türe. Sie öffnete, und da stand: Deliah.

Sie war meine Rettung.

Deliah fragte mich: Was machst du denn hier, welches sind deine Perspektiven?

Und sie nahm mich mit zu ihren eigenen Arbeitgebern, verschaffte mir Jobs und half mir dabei, einen Weg hinaus zu finden. Meine Situation veränderte sich augenblicklich dank Deliah. Ich lernte Menschen kennen, durfte am Leben neu teilnehmen. Ich bekam Reinigungsaufträge, half bei Wohnungsumzügen, übernahm Arbeiten, die in einem Privathaushalt anfallen. Deliah kannte sehr viele Schweizer Haushalte, und sie unterstützte mich dabei, auf die Beine zu kommen.

Durch Deliah lernte ich weitere Frauen kennen, die alle auch als Sans-Papiers in der Schweiz lebten, und wir gründeten 2003 die Selbsthilfegruppe, «il colectivo sin papeles». Wir empfahlen uns untereinander an unsere Arbeitgeber, so dass jede überleben konnte.

Manchmal arbeitete ich auch für Firmen, aber die haben öfter zum Beispiel nur sieben Stunden bezahlt, wenn ich zwölf gearbeitet hatte. Das war nicht unüblich, Firmen kennen die Situation der Sans-Papiers, und Ausbeutung gehört dazu.

Mittlerweile bin ich mit vielen Familien hier fast wie verwachsen, ich kenne ihre Kinder, einzelne seit ihrer Geburt, und ich bin fast so etwas wie die Oma von elf Schweizer Kindern geworden. Ich bin ein Teil der Familien, ich werde wertgeschätzt.

Ich hatte wohl viel mehr Glück als viele andere Frauen in meiner Situation.»

Heimwehmama und Fernwehfamilie

«Seit dem Jahr 2002 war ich nur einmal wieder bei mir zu Hause. 2008 erlitt meine Mama eine Embolie und war gelähmt. Sie bat mich, zurückzukommen, damit sie mich noch einmal sehen konnte. Mit der Hilfe von Freunden gelang mir die Ausreise via Italien, und ich flog am

Muttertag zurück. Mai und Juni konnte ich mich um meine Mama kümmern. Um ihr aber wirklich zu helfen, musste ich im Juli wieder zurück, arbeiten. Sie war bettlägerig, trug Windeln, benötigte rund um die Uhr Betreuung. All das kostete.

Am ersten Oktober fiel meine Mama ins Koma; am sechsten starb sie.

Noch in den Armen meiner Mama hatte sie mich gesegnet und gesagt, ich habe dich noch einmal sehen dürfen, das war mir das Wichtigste. Nun musst du gehen und kämpfen, du musst für die Zukunft deiner Kinder kämpfen, auf dass sie weiter zur Schule und einen Beruf erlernen können, damit es ihnen einmal besser geht. Du bist eine starke Frau, du weisst wie.

Illegal via Italien reiste ich wieder ein.

Das ist der Grund, weshalb ich wieder hier bin. Drei meiner Kinder sind mittlerweile Teenager, sie wohnen nun bei meiner Schwester. Mein Ältester ist dabei, Arzt zu werden, er wird sich in Kürze in Chirurgie spezialisieren, die Tochter studiert Zahnmedizin, die Zweitjüngste steigt in den Tourismus, ein und die Jüngste schliesst demnächst das Gymnasium ab. Dafür bin ich hier. Damit meine Kinder eine Zukunft haben.

Es ist nicht immer leicht. Manchmal weinen wir am Telefon. Wir telefonieren jeden Tag. Aber ich bin stolz darauf, was meine Kinder erreicht haben. Sie haben die Kraft, weiter zu gehen.

Und ich weiss, der Tag wird kommen, an dem wir alle wieder zusammen leben können.

Dafür lebe ich.»

Ohne Papiere

«Um hier als Sans-Papier nicht aufzufallen, muss man vieles beachten. Es ist sehr hart. Sans-Papier zu sein heisst, mit einem Kreuz auf den Schultern zu leben, Tag für Tag. Man weiss nie, was passiert, wenn man zur Türe hinausgeht. Die Kontrolle durch die Polizei kann jederzeit und überall erfolgen. Die Angst lebt im Herzen mit – als Schrei, den ich nicht schreien darf. Deshalb verschlucke ich ihn.

Ich hoffe sehr, dass irgendwann die Schweizer Behörden entscheiden, dass wir auch Menschen sind, Menschen mit den gleichen Bedürfnissen nach Sicherheit, nach Arbeit, nach Integration.

Ich sehne mich nach einem normalen Leben. Ich will arbeiten, ich will Steuern bezahlen – es ist schade, dass sie uns keine Chance geben, wir möchten beitragen zu dieser Gesellschaft. Ich wünsche mir, dass man unsere Situation sieht. Ich bin hier, weil ich muss. Ich will nicht schwarz hier sein, darunter leide ich.

Wir Sans-Papiers leben in Wohnungen auf Untermiete, zu mehreren in engen Verhältnissen. Offiziell ist das unmöglich, alles läuft mündlich und unter der Hand.

Dank des unermüdlichen Einsatzes von Organisationen und Einzelpersonen, die dafür gekämpft haben, dürfen wir Sans-Papiers uns nun auch krankenversichern und AHV-Beiträge bezahlen. Das ist eine grosse Errungenschaft. Der Sans-Papiers-Bewegung verdanken wir auch, dass in unmittelbarer Nähe der entsprechenden Anlaufstellen die Polizei auf Personenkontrollen verzichtet.

Wie einzelne andere von uns auch, gehe ich ein ständiges Risiko damit ein, dass ich Sans-Papiers von der Sans-Papiers-Anlaufstelle erzähle und ihnen rate, dort hinzugehen. Damit oute ich mich selber als Sans-Papier, und das ist gefährlich. Es gibt viele, die Angst haben und die nie auf eine Anlauf- oder Beratungsstelle kommen. Solche Anlaufstellen sind aber immens wichtig. Als moralische Unterstützung und auch ganz konkret. Ich weiss nicht, was ich selbst getan hätte, wenn ich diese Menschen nicht kennengelernt hätte.

Wir Sans-Papiers leben unter ständigem Druck, halten uns an jede Regel, die einzige, gegen die wir verstossen, ist die Regel eines legalen Aufenthaltes. Wir alle leben mit dem Trauma, ausgeschafft zu werden. Und keiner von uns weiss, was der nächste Morgen bringt. Deliah wurde nach 15 Jahren schliesslich aufgegriffen. Zusammen mit ihren Kindern, die hier die Schule besucht haben, wurde sie ausgeschafft.

Um dieses Trauma zu lindern, will ich die Öffentlichkeit für unsere Situation sensibilisieren. Es ist wichtig, dass die Bevölkerung weiss, dass es uns gibt. Darum erzähle ich.»

Daheim ist da, wo man verstanden wird

Von Renata Gäumann, Koordination Asyl- und Flüchtlingswesen Basel-Stadt

UNO-Schätzungen gehen davon aus, dass zur Zeit weltweit rund 67 Mio. gewaltsam vertriebene Menschen leben. Rund 43 Mio. sind auf der Flucht vor Krieg und Verfolgung. Die anderen flüchten vor den Folgen von Umweltkatastrophen oder vor einem Leben in Armut ohne jegliche Zukunftsperspektive. Die überwiegende Mehrheit aller Flüchtlinge lebt in Entwicklungsländern. Bei rund 16 Mio. spricht die UNO von Menschen, die auf lange Sicht nicht mehr in ihre Heimatländer zurückkehren können und auf Gastländer angewiesen sind.

In den letzten Jahren haben jährlich rund 16 000 Menschen genügend Kraft und Mittel gehabt, um bis an die Schweizer Grenze zu gelangen, wo sie in einem der vier Empfangs- und Verfahrenszentren (EVZ) des Bundes oder im Flughafen Kloten ein Asylgesuch eingereicht haben.

Was sich seit 2008 in unserem Land verändert hat

Wer von ihnen vor 2008 eingereist ist, hat eine andere Schweiz vorgefunden, als wer nach 2008 in unser Land gekommen ist. Denn die Inkraftsetzung des revidierten Asylgesetztes und des neuen Ausländergesetzes im Januar 2008 war bedeutend für das Asylwesen Schweiz.

Vor 2008 wurden unter dem Titel «Asylsuchende» alle Personen verstanden, welche bei ihrer Einreise ein Asylgesuch eingereicht hatten. Ob ihr Verfahren noch hängig war und sie noch nicht wussten, ob sie bleiben können oder gehen müssen, ob sie wegen Unzumutbarkeit der Rückkehr vorläufig aufgenommen wurden oder ob sie mit einem Negativentscheid und einem Ausreisetermin dastanden, alle wurden sie in eine Art gesellschaftliche Parallelwelt verwiesen. Für sie wurde ein eigenes Existenzminimum definiert, das deutlich unter dem für alle anderen Sozialhilfebeziehenden lag – die sogenannten Unterstützungsansätze Asyl. Für sie wurden Beschäftigungsprogramme und Arbeits-

Projekte ausserhalb kantonaler Integrationskonzepte geführt. Asylsuchende gehörten klar nicht zu der zu integrierenden ausländischen Bevölkerung. Sie durften zwar nach dreimonatigem Aufenthalt in der Schweiz arbeiten, wurden aber in ihren Integrationsprozessen weder gestützt noch gefördert. – Anders sieht es bei den anerkannten Flüchtlingen aus. Sie bekommen mit der Anerkennung automatisch eine Aufenthaltsbewilligung und nach fünf Jahren Aufenthalt eine Niederlassungsbewilligung.

Im Rahmen der Überarbeitung von Asyl- und Ausländergesetz hat der Bund endlich dem Umstand Rechnung getragen, dass die meisten aller vorläufig Aufgenommenen dauerhaft in der Schweiz bleiben, und hat diesen längst fälligen Systemwechsel an die Hand genommen. (In den letzten 10 Jahren wurde durchschnittlich in nur 5 Prozent aller Fälle die vorläufige Aufnahme aufgehoben und die Rückreise in die Heimat angeordnet.)

Neue Aufgaben der Kantone: Integration VA und erweiterter Sozialhilfestopp
Seit Inkraftsetzung der neuen Bundesgesetze 2008 sind die Kantone angehalten, vorläufig aufgenommene Personen rasch und nachhaltig zu integrieren. Der Bund fordert seither von den Kantonen eine koordinierte Integrationsförderung aller ausländischen Personen und die Öffnung der Regelstrukturen auch für vorläufig Aufgenommene (VA). Und plötzlich mussten – wider alle Gewohnheit – die kantonalen Asylverantwortlichen mit den Integrationsverantwortlichen der Kantone zusammenarbeiten, was einige Verwaltungsbeben ausgelöst hat.

Aktuell sind es mehr als 20 000 Menschen im Status F der vorläufigen Aufnahme, die neu also zu unserer Gesellschaft dazugehören. Sie alle sollen auf ihrem Weg in die hier gültigen Werte und Pflichten unterstützt werden, wobei ihrem Fluchthintergrund Rechung getragen werden sollte, denn er ist prägend. Für zahlreiche von ihnen, die schon viele Jahre hier lebten, kam der Systemwechsel zu spät. Integration passiert nicht auf Knopfdruck, und wenn persönliche Ressourcen verschüttet und der Glaube an sich selber und die Motivation zu Arbeit verloren gegangen sind, kann die Versorgungssicherheit der Sozialhilfe zum einzig sicheren Wert und wirtschaftliche Unabhängigkeit zum Fremdwort werden.

Dass die Kantone 26-fach verschieden mit den neuen Bundes-Vorgaben bezüglich Integration von vorläufig Aufgenommenen umgehen, erstaunt nicht weiter. Im Asylbereich ist diese föderale Vielfalt ein vertrautes Phänomen. Es ist bekannt, dass man zum Beispiel unter «Nothilfe» oder «Härtefallpraxis» nicht überall in der Schweiz das Gleiche versteht. Die Ausgestaltung der kantonalen Integrationskonzepte macht hier keine Ausnahme. Sie sind zum Teil sehr jung, auf Inkraftsetzung der neuen Gesetzgebung quasi frisch erfunden, andere sind altbewährt und über lange Zeit gewachsen. Allen gemeinsam ist, dass sie in ihrem Erfolg in direkter Abhängigkeit zur jeweiligen Wirtschafts- und Arbeitsmarktlage stehen.

Die Wirklichkeit sieht oft anders aus

Im konkreten Einzelfall sieht die Wirklichkeit in Sachen Arbeitsintegration noch einmal anders aus. Zum Beispiel meinte kürzlich ein gebildeter, anerkannter Flüchtling mit guten Deutschkenntnissen, der von seiner Sozialberaterin auf seine berufliche Perspektive angesprochen worden war, in beeindruckender Selbstverständlichkeit, dass er als Flüchtling in die Schweiz gekommen sei und nicht, um zu arbeiten. Oder das Gegenbeispiel eines Asylsuchenden im Verfahren aus Eritrea: Der Mann konnte absehbar mit einer Flüchtlingsanerkennung oder zumindest einer vorläufigen Aufnahme rechnen, legte dem zuständigen Arbeitsamt nach Ablauf der nötigen drei Monate nach Einreise bereits einen einwandfreien Arbeitsvertrag mit einer Pizzeria vor. Er bekam keine Arbeitserlaubnis. Im Kanton, dem er zugewiesen ist, dürfen Leute, deren Verfahren noch nicht entschieden ist, nicht arbeiten. Personen mit Status F oder B haben Vorrang.

Sozialhilfestopp für alle Abgewiesenen

2008 wurde noch ein zweiter Systemwechsel wirksam. Personen mit einem negativen Asylentscheid oder einer aufgehobenen vorläufigen Aufnahme werden seit 2008 wie Personen mit einem Nichteintretensentscheid (NEE) aus der Sozialhilfe ausgeschlossen und können nur noch Nothilfe beantragen.

Wir haben es also seit 2008 neu mit einer klaren Aufteilung in zwei Gruppen zu tun: die *Switzerland-In*-Fälle und die *Switzerland-Out*-Fälle.

Ich entlehne mir hier das *In* und *Out* beim Dublin-Verfahren. Es ist dies das EU-Abkommen, in das die Schweiz im Rahmen der Dublin-II-Verträge ebenfalls eingebunden ist, welches die Zuständigkeit für die Durchführung des Asylgesuchs regelt. Wer bereits in einem anderen europäischen Staat ein Asylgesuch eingereicht hat, kann an diesen rückübergeben werden und wird als *Dublin-Out*-Fall bezeichnet. Muss die Schweiz jemanden zurücknehmen, ist das dann ein *Dublin-In*-Fall.

Von diesem Zuständigkeitsmodell profitiert die Schweiz grosszügig. Sie wird ihrem Ruf, im EU-Korb gerne Rosinen zu picken, gerecht: Rund sieben mal mehr Personen wurden 2010 an Erstasylländer zurückgegeben, als die Schweiz von anderen Ländern übernehmen musste. Was nicht weiter erstaunlich ist, liegt die Schweiz doch, weder am Mittelmeer, noch fallen Asylsuchende vom Himmel. Entsprechend hoch ist die Wahrscheinlichkeit, dass sich Asylsuchende vor der Einreise in die Schweiz schon anderswo in Europa aufgehalten haben.

Bis jetzt bestehen keine Absichten des Bundes, diese Einseitigkeit zum Beispiel mit der Wiederaufnahme der Kontingentsflüchtlingspolitik auszugleichen.

Die Schwächen des Dubliner Abkommens

Das Dublin-Verfahren erweist sich denn auch als hochproblematisch. Das Auffangen grosser Migrationsströme vor allem den mediterranen, wirtschaftlich angeschlagenen Staaten zu überlassen dürfte das Solidargefüge der EU absehbar stark strapazieren. Finden die EU-Mitgliedstaaten keine Einigung hinsichtlich eines *burden-sharing* und definieren für die ankommenden MigrantInnen einen Verteilschlüssel – vergleichbar dem Verteilschlüssel, wie er in der Schweiz für die Verteilung der Asylsuchenden auf die Kantone besteht –, behelfen sich die betroffenen Länder selber. Als erschütterndes Beispiel sei hier Griechenland erwähnt: Griechenland ist der einzige EU-Staat, in den die Schweiz im Rahmen des Dublin-Verfahrens besonders verletzliche Personen wie z.B. unbegleitete minderjährige Asylsuchende nicht mehr zurückführt, vorausgesetzt, die Betroffenen legen Beschwerde ein gegen ihren *Dublin-Out*-Entscheid. Rechtsstaatlichkeit im Asylverfahren in Griechenland ist nicht gewährleistet und die Zustände in den Flüchtlingslagern sind katastrophal. UNHCR berichtet von zahlreichen belegten *Push-*

Outs. Darunter wird das Zurückdrängen von Flüchtlingen über die Landesgrenze zurück ins Nachbarland verstanden. Behörden nehmen beispielsweise ankommenden Booten die Motoren und Ruder ab oder löchern Schlauchboote. Berichte von ertrunkenen MigrantInnen, welche über den Grenzfluss Evros von der Türkei her ins Land zu gelangen versuchten, sind an der Tagesordnung.

Der UNHCR-Bericht «Anmerkungen zu Griechenland als Aufnahmeland von Asylsuchenden» ist diesbezüglich sehr aufschlussreich.

Aber zurück zur Schweiz und den *Switzerland-Ins* und *Switzerland-Outs*. Anerkannte Flüchtlinge und vorläufig Aufgenommene sind also klare *Ins*, die dazugehören sollen, Leute mit Negativentscheid, Nichteintretensentscheid oder aufgehobener VA im Sozialhilfestopp gehören klar zu den *Outs*, und Personen im Asylverfahren befinden sich irgendwo dazwischen.

Überleben in Nothilfe

Und es gibt noch eine weitere Spezialgruppe: die *Switzerland-Out-In-Fälle*. Ich meine damit diejenigen Personen, welche die Schweiz zwar verlassen müssten, dies aber nicht können oder wollen und Nothilfe beziehen. Zurzeit sind dies zwischen 6000 und 7000 Menschen. Rund 15 Prozent davon sind Kinder und Jugendliche unter 18 Jahren.

Nothilfe gemäss Art. 12 der Bundesverfassung ist eine Überlebenshilfe zur Überbrückung einer Notsituation. Nur dass in vielen Fällen die Notsituation eine bleibende ist und das Leben in der Nothilfe zum Überleben auf Dauer wird.

Der Sozialhilfestopp ist in den letzten Monaten in der Öffentlichkeit zunehmend Thema geworden. In der Zivilbevölkerung machte sich mehr und mehr Unmut und Unverständnis breit angesichts der Probleme mit Nothilfebeziehenden. In ländlichen Gebieten beispielsweise, wo Nothilfebeziehende nicht in der Anonymität einer Stadt verschwinden, wird immer weniger akzeptiert, dass Nothilfebezüger nichts arbeiten (dürfen) und Tag für Tag in ihren Unterkünften oder im öffentlichen Raum herumhocken. Es wurde auch die Fragen gestellt, ob Nothilfe über lange Zeit überhaupt mit dem in der Bundesverfassung festgeschriebenen Grundrecht auf Menschenwürde vereinbar sei. Gemäss Bundesgerichtsentscheid ist sie das, es darf nur keinerlei Unterbruch der Nothilfeleistungen geben. Viele beschäftigt die Frage, ob es sinnvoll ist, dass Jugendliche in Nothilfe nach Abschluss der Schulpflicht ohne Beschäftigung, ohne Lehrstelle oder andere Ausbildungsmöglichkeit im Vakuum der Nothilfe hängen bleiben. Und dies obwohl klar ist, dass sie das Land absehbar nicht verlassen werden. Und viele Bürger verstehen nicht, warum die abgewiesenen Asylsuchenden denn nicht einfach gehen, wenn sie doch gehen müssten.

Frustrationen und Ratlosigkeit

Die kantonalen Behörden konnten und können an der aktuellen Situation kaum etwas ändern und wurden zusehends ratlos und frustriert.

Vor allem Kantone mit grösseren Agglomerationsgemeinden beobachteten eine Zunahme von Langzeitbeziehenden in der Nothilfe und sahen darin zunehmend sozialpolitischen Sprengstoff. Also verlangten sie vom Bund als hauptverantwortliche Instanz in Sachen Wegweisungspolitik eine Analyse der Situation.

Das Bundesamt für Migration beauftragte in der Folge ein privates Büro für Politikforschung mit dieser Aufgabe. Ein entsprechender Bericht wurde inzwischen veröffentlicht. Er weist darauf hin, dass die kantonalen Behörden zwar einen Spielraum haben, um auf den Nothilfebezug einzuwirken, dass dieser Spielraum aber gering ist, weil er beschränkt wird durch nicht beeinflussbare Faktoren wie strukturelle Gegebenheiten oder das zivilgesellschaftliche und politische Umfeld im Kanton. Auf nationaler Ebene sind es die aussenpolitischen Erfolge des Bundes in der Rückkehrpolitik, welche der Bericht als massgeblich nennt.

Auf die zentrale Frage, warum Ausreisepflichtige nicht zu ihrer Pflicht gezwungen werden, gibt der Bericht eine klare Antwort. Als Hauptursache für den Langzeitbezug von Nothilfe wird die *Nicht-Durchführbarkeit des Wegweisungsvollzugs* benannt.

Für Rückkehr braucht es zwei

Für zahlreiche Herkunftsländer ist es schwierig, Reisepapiere zu beschaffen. Und in verschiedene Länder können abgewiesene Asylsuchende nicht zwangsweise zurückgeschafft werden, sondern werden nur als freiwillige Rückkehrer eingelassen. Die Gründe dafür sind je nach Nation verschieden, hochkomplex und hängen mit der Unterschiedlichkeit gesellschaftlicher Wertesysteme zusammen, die unter anderem in Politik, Rechtssprechung, Kultur und Wirtschaft abgebildet werden.

Die Liste dieser Länder ist es denn auch, welche die Anzahl Langzeitbezüger in der Nothilfe in der Schweiz weitgehend bestimmt. Ist erst einmal bekannt, dass die Ausreise in ein bestimmtes Land nicht erzwungen werden kann, bleiben viele Betroffene lieber auf unbestimmte Zeit in Nothilfe in der Schweiz, als aktiv daran mitzuwirken, dass eine Rückreise möglich wird. Offenbar ist eine Existenz auf der untersten sozialen Leitersprosse der Schweiz noch immer besser als eine Rückkehr ohne Würde, ohne Perspektive, mit leeren Händen oder der Angst vor Verfolgung.

Die für Rückkehr zuständigen Bundesstellen bemühen sich zwar intensiv, auf diplomatischer Ebene Grundlagen für Rückübergaben zu schaffen. Aber oft braucht es wenig für eine komplette Blockierung derselben. Tatsache ist, dass die Bedürfnisse der Herkunftsstaaten und die der Schweiz meist weit auseinanderliegen. Und oftmals haben in den gemeinsamen Verhandlungen wirtschaftliche Interessen Vorrang und nicht der Umgang mit ungeregelter Migration.

Wir können davon ausgehen, dass es immer eine Liste von problematischen Herkunftsländern mit blockiertem zwangsweisem Wegweisungsvollzug geben wird. Ebenso können wir davon ausgehen, dass Langzeitbezug von Nothilfe ein Thema bleiben wird und die Anzahl der Menschen steigt, welche in der Schweiz in Nothilfe überleben.

Auf dem Weg zu einer kohärenten Migrationspolitik?
In dieser Frage ist weitsichtige und kluge Bundespolitik gefragt. Eine gute Zusammenarbeit zwischen dem Bundesamt für Migration (BFM), der politischen Abteilung IV des Eidgenössischen Amts für Auswärtige Angelegenheiten (EDA), der Direktion für Entwicklung und Zusammenarbeit (DEZA) und dem Staatssekretariat für Wirtschaft SECO in Migrationsfragen dürfte eine wirksame Strategie sein, die Rückkehrpolitik des Bundes zu stärken. Dies würde bedingen, dass die involvierten Bundesämter aus einer Gesamtsicht aller Interessen verbindliche Verhandlungsvorgaben definieren, welche gegenüber Drittstaaten einheit-

lich vertreten werden – ein Vorgehen, das der Entwicklung einer kohärenten Migrationspolitik sehr dienlich sein dürfte.

Effizienz allein genügt nicht
Viel hört man zurzeit über die Neustrukturierung und Prozessorientierung des BFM. Mir ist aufgefallen, dass das BFM in der öffentlichen Berichterstattung nachdrücklich auf Verbesserungen in den drei «e»-Bereichen *efficiency, effectivity, economy* hinweist. Zum Stellenwert des vierten «e» zeitgemässer Unternehmensführung, der Ethik, habe ich bis jetzt noch nichts gehört, was mich erstaunt und nachdenklich stimmt. Gerade das Bundesamt für Migration ist mit Kerngeschäften betraut, in welchen laufend über die höchsten Rechtsgüter – nämlich Leib und Leben – entschieden wird. Dies müsste an sich die explizite Verankerung ethischer Grundsätze und Werte für die Amtstätigkeit eines neu organisierten BFM zur Folge haben. Denn bekanntlich vermögen Rechtsnormen alleine keine integre Verwaltung zu garantieren. Die Schweizer Geschichte zur Zeit des Zweiten Weltkrieges belegt dies bitter.

Genauso wie das BFM aufgefordert ist, sich immer bewusst zu bleiben, dass *Migration Mensch auf Wanderschaft* bedeutet, sind es auch die Kantone und die Gemeinden. Arbeit im Migrationsbereich wird von Menschen geleistet, die sich mit Menschen beschäftigen. Allen ist eigen, dass sie als Mensch existenzielle Grundbedürfnisse haben, wie zum Beispiel dasjenige nach Sicherheit, Zugehörigkeit, nach Anerkennung und Sinn im Leben.

Migrationspolitik auf der Basis humanistischer Grundwerte
Ich bin überzeugt, dass es die Auseinandersetzung über diese allgemeinmenschlichen Werte ist – unabhängig von Pass, Kultur, Sprache, Weltanschauung oder Religion –, die uns in Verbindung bringt mit uns selber und mit unseren Mitmenschen. Wer hier Fragen stellen und zuhören kann und sich selber klarzustellen vermag, der befindet sich an einem Ort, wo Verstehen möglich wird. Denn wer verstehen will, muss Zusammenhänge bilden können. Und Zusammenhangsbildung bedingt Interesse und somit die Bereitschaft, eigene Standpunkte zurückzustellen sowie den Willen, Neues zu lernen und für diesen Prozess Zeit

und Mittel zu investieren. Es ist dies der Ort, wo eine Migrationspolitik ihren Ursprung haben kann, welche in erster Linie humanitären und humanistischen Grundwerten verpflichtet ist.

Christian Morgenstern hat präzise Worte gefunden für diesen Ort: «*Nicht da ist man daheim, wo man seinen Wohnsitz hat, sondern da, wo man verstanden wird.*»

Auszug aus der Rede von Juli 2010 anlässlich Zertifizierungsfeier Eidg. Berufsprüfung Migrationsfachpersonen.

Gespräch mit Andreas Gross, Dezember 2010

Politikwissenschafter und Demokratiespezialist, Mitglied des Nationalrates und Fraktionspräsident der SP in der Parlamentarischen Versammlung des Europarates in Strassburg

Michèle Minelli: Wenn man die Abstimmungsbewegungen der letzten Jahre anschaut, stellt man fest: Es herrscht ein gehässiges Klima in der Schweiz. Was läuft denn falsch mit der Integration, dass wir so gehässig sind?
Andreas Gross: Das ist natürlich eine Riesenfrage. Und mehr als eine Antwort. Erstens sind sich viele unter uns nicht bewusst, dass die Integration keine Einbahnstrasse ist. Da müssen sich zwei bewegen, und viele tun sich schwer damit. Zweitens, noch wichtiger: Es gehört heute zur Eigenheit der am meisten privilegierten europäischen Gesellschaften, dass sie rechtlich die strengsten, engherzigsten, egoistischsten Gesetzgebungen gegenüber sogenannten Ausländern und Flüchtlingen haben. Holland, Dänemark und die Schweiz gehören wohl zu denjenigen Ländern in Europa, in die jeder sofort hinginge, wenn er weggehen müsste. Und ausgerechnet dort, wo die Menschen am meisten privilegiert leben, finden sich die nationalistischsten Gesetze. In all diesen Ländern gibt es heute 20 bis 30 Prozent Bürgerinnen und Bürger, die nationalistische Parteien wählen und sie bei Abstimmungen unterstützen. Wieso das so ist, dem ist eigentlich noch niemand auf die Spur gekommen.

Man könnte ja sagen, gerade darum geht es uns so gut?
Nein, kausal kann man das so nicht erklären. Denn diese Strenge, diese egoistische Gesetzgebung ist erst ein Kind der letzten zehn bis zwanzig Jahre. Das heisst, das Privilegiertsein, dass es uns vergleichsweise gut geht, hat viel ältere Wurzeln.

Viele Leute haben heute deshalb Schwierigkeiten, anständig – um nicht zu sagen: grosszügig, tolerant, respektvoll – mit Immigranten umzugehen, weil zu viele unter ihnen selber nie oder zu wenig häufig erfahren haben, dass man ihnen respektvoll, grosszügig und tolerant begegnet ist. Die Art, wie man mit anderen umgeht, ist meistens ein Spiegel dessen, wie man selber behandelt worden ist.

Gilt somit, dass die Schweizer latent unzufrieden sind und respektlos innerhalb des sozialen Gefüges miteinander umgehen?

Es gibt kein Land in Europa und kaum ein Land auf der Welt, in dem so viel Ungleichheit so sehr akzeptiert wird wie hier. In der Schweiz herrscht eine unglaublich ungleiche Verteilung der Lebenschancen. Die Gegensätze zwischen den ganz Privilegierten und den wenig Privilegierten sind gigantisch. Das Besondere ist jedoch, dass dies auf einem vergleichsweise allgemein hohen Niveau stattfindet. Dennoch ist die Ungleichheit gewaltig, und soziale Grundsicherheiten, die in anderen Ländern Europas selbstverständlich sind, sind es in der Schweiz nie gewesen und wenig als solche erfahren worden.

Soziale Grundsicherheiten?

In entwickelten westeuropäischen Sozialstaaten gibt es Grundsicherheiten, die es in der Schweiz nie gegeben hat. In der Schweiz muss man Angst haben um seinen Arbeitsplatz, was man in Dänemark, Holland, Skandinavien, Österreich nicht oder viel weniger haben muss. Dort hat man eine Grundsicherheit, eine sozialstaatliche Basis, die einen richtig auffängt. Zum Beispiel kann man in der Schweiz entlassen werden, ohne dass irgend jemand kritisch nachfragt. Bei uns gibt es keinen Betriebsrat, der sich für Arbeiter und Angestellte im Betrieb einsetzt. In Deutschland muss jeder Betrieb ab weniger als zwanzig Mitarbeitenden einen Personalverantwortlichen und später einen Betriebsrat haben. Als Mieter kann einem hier die Wohnung gekündigt werden, oder dann die Lehrlinge ... es gibt eine Grundbrutalität in unserem Leben, unter der diejenigen in der Schweiz leiden, die keine Chance auf eine gute Ausbildung gehabt haben und wenig Perspektiven sehen für ihr Leben.

Weil es unter jenen Menschen auch nur wenig politisches Bewusstsein gibt, setzt sich dieser Ärger nicht politisch um, sondern er verwandelt sich in Aggressivität gegenüber der Mitwelt, gegenüber den vermeintlich anderen, von denen man annimmt, sie seien vom Staat oder der Gesellschaft grosszügiger behandelt worden. Diese Aggressivität zeigt sich dann eben am meisten gegenüber denjenigen, denen es noch schlechter geht als einem selbst. Das ist ein Ansatz der Erklärung der hiesigen Kälte, der gegenwärtigen Gehässigkeit, von der Sie zu Recht zu unserem Gesprächseinstieg gesprochen haben.

Weshalb ist das bei uns so?
Es gibt unter den Schweizern paradoxerweise zu viel Angst, zu viele Existenzängste, die als solche nicht bedacht werden, aber verdrängt und sich in Aggressivität äussern. Die offizielle politische Schweiz hat sich in den 50er-, 60er-, 70er-, 80er-Jahren um die sozial Schwachen zu wenig gekümmert, ob das nun Ausländer waren oder Schweizer. So hat sich ein Reservoir an Unzufriedenen gebildet. Dieses Reservoir wird nun von politischen Kräften mobilisiert, die ihnen weniger helfen, als dass sie instrumentalisieren, beispielsweise die SVP.

Die SVP wird gewählt von zwei soziologisch ganz unterschiedlichen Schichten: Zwei Drittel der SVP-Wähler sind Menschen, die früher zur Basis der Linken gezählt wurden, die sogenannten «kleinen Leute», die unterprivilegiert sind, die eine schlechte Ausbildung haben, denen es nicht so gut geht und die sich nicht richtig wohl fühlen. Sie wählen eine Partei, die in den Parlamenten das andere Drittel der SVP-Wählerschaft vertritt, nämlich die tüchtige, zielstrebige, egoistische obere Mittelschicht aus dem Dienstleistungssektor, die auf dem Land wohnt, in Einfamilienhäuschen in der Agglomeration, mit zwei, drei Autos in der Garage und dem Ziel, möglichst schnell in die Stadt kommen – parkieren – arbeiten – konsumieren – und wieder rasch nach Hause gehen, und dort vor allem möglichst wenig Steuern zahlen wollen.

Es sind die unzufriedenen zwei Drittel, die jenem egoistischen Drittel eine grosse Parlamentsfraktion verschaffen, und diese Parlamentsfraktion vertritt einzig die Interessen jenes einen an sich privilegierten Drittels. Und das sind eben auch diejenigen, die mit Migrantinnen und Migranten nicht anständig umgehen können, weil sie glauben, ihnen sei zu wenig geschenkt worden, sie sind es auch, die Einbürgerungen stoppen wollen und die Einbürgerungsgesetze so schwierig machen. Und das immer mit den Emotionen der zwei Drittel, die eigentlich durch uns, die Sozialdemokraten, im Parlament vertreten werden. Aber weil wir «so intellektuell» zu sein scheinen – ein für mich positives Attribut, mit dem ich gar nicht so freigiebig wäre wie die Kritiker der SP – und diesen populistischen fremdenfeindlichen Diskurs nicht übernehmen, fühlen sie sich von uns nicht vertreten und wählen jene, die letztlich das Gegenteil von dem machen, was sie eigentlich nötig hätten.

Heisst das, dass sich diese gehässige Stimmung in der Schweiz noch weiter verschärfen wird?

Die nationalistische Tendenz in der Schweiz, die gehässige Stimmung, wie Sie sagen, die findet sich heute in ganz vielen Ländern Europas, und sinnigerweise in den Ländern besonders, in denen es anders sein könnte, und sie wird sich in den kommenden Monaten und Jahren mit aller Wahrscheinlichkeit nicht entspannen. Wir reden hier ja nicht über Italien, Spanien, Griechenland oder Frankreich – Frankreich mit seinen 40 bis 50 Prozent Jugendarbeitslosigkeit in gewissen Vorstädten und Agglomerationen –, dass in solchen Ländern der Umgang mit den Fremden noch schwieriger ist, weil sich auch die eigenen katastrophal behandelt fühlen, das ist ein Problem für sich.

Ich würde das aber auch in einen grösseren Zusammenhang stellen. In den letzten dreissig, vierzig Jahren ist die Politik immer schwächer geworden, die Demokratie ist eigentlich fast entmachtet worden. Demokratie und Politik stehen ja für das Versprechen, dass Menschen miteinander fähig sind, auf einer gleichberechtigten Basis die gemeinsamen Lebensgrundlagen so zu gestalten, dass alle ihre Lebenschancen verwirklichen können. Das ist der Anspruch. In der Wirtschaft nun läuft es so: Wer schon Kapital hat oder darüber verfügen kann, bekommt noch mehr. Die Wirtschaft schaut nicht für alle, sondern für jene, die tüchtig sind und Kapital haben.

In den letzten 30 Jahren haben wir eine Entmachtung der Institutionen, die sich für das Gemeinwohl einsetzen, erlebt gegenüber denen, die Eigeninteressen den Interessen aller voranstellen. Zudem erleben wir eine Wirtschaftsentwicklung, die den Reichen erlaubt, keine beziehungsweise nicht ausreichend Steuern mehr zu zahlen, obwohl der Staat diese Einnahmen besonders nötig hätte, um seine Aufgaben zu erfüllen.

Ist das auch ein globales Problem?
Gewiss. Das Problem der Globalisierung ist das, was nicht globalisiert worden ist: nämlich die Demokratie, die Entwicklung des Sozialstaates und alle die Ausgleichsmassnahmen, die Starke und Mächtige zwingen, auf Schwächere und die Natur Rücksicht zu nehmen.

Statt dass es jetzt eine Kraft gibt, eine Bürgerbewegung, um die Demokratie auf globaler Ebene einzurichten, damit überall Strukturen und Rahmenbedingungen geschaffen werden, die die Starken zwingen, Rücksicht zu nehmen auf die Schwachen, zeigt sich, dass jetzt die, die leiden unter der Schwächung des Staates, der Politik, der Demokratie, sich nicht mehr für die Stärkung dieser drei Elemente einsetzen. Stattdessen gehen sie auf einander los, sie psychologisieren, sehen sich selber als Schuldige an, oder es geht in Aggression über, in Fremdenfeindlichkeiten, in eine Unfähigkeit, mit anderen Menschen umzugehen. Die Menschen sind einander fremd geworden, sie gehen einander aus dem Weg. Und das ist tödlich für die Politik. Wenn Menschen einander aus dem Weg gehen, ist das für die Politik wie für den Fussball ein Fussballer, der nicht mehr gerne Ballkontakt hat.

Politik ist genuin ein Gemeinschaftsunternehmen, allein kann man da nur verzweifeln. Man kann alleine reich werden, ja, aber politisch kann man allein gar nichts machen. Und viele Menschen fühlen sich heute total allein gelassen. Auch viele Schweizer. 30 bis 40 Prozent fühlen sich unwohl, mehr diffus als klar bestimmt, und dieses Unwohlsein, das man auch in ganz normalen, täglichen Beziehung spürt, äussert sich politisch in einer unglaublich gestiegenen Aggressivität, Intoleranz, Respektlosigkeit vor allem gegenüber denen, die anders sind oder auch nur anders zu sein scheinen.

Das heisst, man könnte auch verzweifeln in der Politik. Was läuft denn trotzdem gut in Sachen Migration? Wo macht die Schweiz dennoch etwas richtig?
Ich sehe nicht viel Positives in dieser Hinsicht, wirklich nicht. Das positivste Migrationsbild, das ich habe, sind die Fussball-Weltmeister U17. Diese schweizerische Fussballnationalmannschaft, die Weltmeister geworden ist, besteht aus Spielern, die alle 17 oder jünger sind. Die meisten unter ihnen gleichen den sogenannten Ausländern, solchen, die hier geboren sind als Zweitgenerationäler oder Drittgenerationäler, aber im Unterschied zu ihnen keinen roten Pass haben. Die Fussballer haben durch den Sport einen Weg gefunden in die Schweizer Gesellschaft.

Wie integriert sie wirklich sind, kann man sich noch fragen. Es gibt ja auch Beispiele wie Petrić oder Rakitić, zwei Kroaten, die sich dann doch für Kroatien entschieden haben und nun nicht mehr für die

Schweiz spielen, obwohl sie fast 20 Jahre in der Schweiz aufwuchsen, alle Juniorenlehrgänge bis zu den Jugendnationalteams hier besuchten. Sie waren gewiss auch gut integriert, doch in dem Moment, in dem sie sich entscheiden mussten, für die Schweiz oder für Kroatien zu spielen, haben sie sich eben für Kroatien entschieden. Im Falle von Rakitić nicht zuletzt auch, weil sein Vater von den Einbürgerungsbehörden hier schlecht behandelt worden ist.

Ist der Sport die bessere Politik?

Nicht Politik, aber der Sport ist ein Medium, das es den sportlich talentierten – egal welcher Herkunft und Schicht – erlaubt, in unserer Gesellschaft etwas zu werden, was anderen aus ähnlichen Bedingungen viel schwerer fällt.

So wie ein Fussballer um die anderen herumdribbeln kann, kann er symbolisch gesehen den Schwierigkeiten, denen er begegnet, besser ausweichen, eher als einer, dem dieses Talent nicht gegeben ist. Man muss irgendwo sehr talentiert sein, um diese Hürden einfacher überwinden zu können, denen man als sogenannter Ausländer in der Schweiz begegnet. Für die normal talentierten Menschen ist die schweizerische Migrationsgeschichte der letzten 30, 40 Jahre eines der traurigsten Kapitel überhaupt.

So auch die Porträts in diesem Buch, diese Frauen und Männer, die es anscheinend geschafft haben, sich zu integrieren: Ihr Erfolg verdeckt viel Graues und Dunkles und Trauriges, das sie erlebt haben. Und das ist schade, wenn man daran denkt, was dieses Land sein könnte, wenn es wollte. Was wäre nicht alles möglich, wenn wir es nur etwas anders wollten.

Zum Beispiel Mali. Ein armes afrikanisches Land mit rund 14 Millionen Einwohnern und 4 Millionen, die im Ausland leben. Als in einem Nachbarland eine Katastrophe ausgebrochen war, hat Mali eine Fähigkeit zur Aufnahme von Flüchtlingen bewiesen, bei der alle privilegierten europäischen Länder nur staunen konnten.

Wenn man uns daran misst, wie gut wir die für andere verheerenden Katastrophen des 20. Jahrhunderts überlebt haben und wie wenig wir im Interesse von anderen, für andere, denen es viel schlechter ging und geht, daraus gemacht haben, ist das doch ein himmeltrauriges Kapitel.

Man kann es auch damit vergleichen, wie schweizerische Emigranten im 19. und anfangs des 20. Jahrhunderts in anderen Ländern auf fernen Kontinenten ihre Zukunft gefunden haben und wie wenig wir jetzt diesen helfen, die heute aus genau den gleichen Gründen zu uns kommen. Da stimmt das Gleichgewicht überhaupt nicht. Da gibt es überhaupt keine Verhältnismässigkeit.

Welche Länder zeigen gute Beispiele und Möglichkeiten auf, die vielleicht auch Ansätze einer neuen Migrationspolitik in der Schweiz sein könnten?
Da muss man zwei Dinge auseinanderhalten. Erstens, dass ein Mensch überhaupt zum Flüchtling wird, bedeutet: Hier läuft etwas falsch. Eine solidarische Weltgemeinschaft müsste dafür sorgen, dass kein Mensch zum Flüchtling wird. Dass nun jemand zum Flüchtling wird, dafür gibt es mittlerweile drei grosse Gründe: politische Gründe – Tyrannei, Despotie, Krieg –, wirtschaftliche Gründe und neu ökologische Gründe.

Bei allen drei Gründen ist die primäre Aufgabe von Gesellschaften wie der unseren präventiv: nämlich dazu beizutragen, dass es gar nicht so weit kommt. Die Lebenschancen müssen weltweit besser ausgeglichen werden, so dass keiner flüchten will. Denn niemand flüchtet freiwillig. Jeder will eigentlich dort bleiben, wo er zu Hause ist, wo er geboren und aufgewachsen ist, und keiner, der auf einer Insel wohnt, wünscht sich, dass diese Insel untergeht und er flüchten muss. Aber in der Flüchtlingskonvention ist nur der erste Grund akzeptiert. Obwohl man aus Gründen der Wirtschaft oder der Ökologie genauso unschuldig in eine Situation gedrängt werden kann, aus der herauszukommen nur die Flucht bleibt.

Die Schweiz gehört nicht zu den Ländern, die sich besonders in präventiver Hinsicht engagieren. Da leisten Norwegen oder Schweden viel mehr. In unserem Parlament wird als Riesenerfolg gefeiert, dass wir 0,5 Prozent des Bruttosozialprodukts – inklusive aller Gelder für das Asylwesen – aufwenden für sogenannte Entwicklungszusammenarbeit. Seit 30 Jahren aber sagt die UNO schon, reiche Staaten müssten 0,7 Prozent dafür einsetzen. Seit etwa 15 Jahren liegen Holland, Norwegen, Dänemark und Schweden auf 1,0 Prozent, neuerdings auch Luxemburg. Ein Symbol für die Bereitschaft, sich ausserhalb der eigenen

Grenzen auf die verschiedensten Arten dafür einzusetzen, dass es keine Flüchtlinge geben muss.

In der Schweiz nun findet praktisch das Gegenteil statt: Viele der grossen Diktatoren und autoritären Herrscher, die Hunderte und Tausende Kriegs- und Wirtschaftsflüchtlinge verursachen, haben bei uns ein Mehrfaches an Geldern gelagert, beziehungsweise angelegt, das aus jenen Ländern stammt, in denen Krieg und Not herrschen, ein Mehrfaches an Geldern, das wir für diese Länder ausgeben im Sinne von Prävention.

Wir gehören zu den Nutzniessern der weltweiten Ungleichheit und Ungerechtigkeit, die Flüchtlinge schaffen. Kein anderes Land hat wohl so einseitig davon profitiert. Nicht nur, dass wir nicht genug dagegen unternommen haben, wir haben uns klar auch daran bereichert. Wir sollten schon längst 2,0 Prozent abgeben und nicht mit 0,5 Prozent zufrieden zu sein.

Als Zweites ist da natürlich die Frage: Wie geht man mit jenen um, bei denen man nicht verhindern konnte, dass sie zu Flüchtlingen geworden sind? Und da sind zum Beispiel Deutschland, die Benelux-Staaten und die Skandinavischen Staaten Vorbilder, die es besser gemacht haben.

Was genau haben sie besser gemacht?
In Dänemark, Schweden und in Norwegen vor allem werden Flüchtlinge besser betreut als in der Schweiz. Man überlässt sie weniger ihrem Schicksal, man investiert mehr in sie, man ist bereit, öffentliche Gelder dafür auszugeben, dass sich die Betroffenen erleichtert in die neue Gesellschaft einfinden können.

In allen Ländern, mit denen sich die Schweiz in etwa vergleichen kann, weltweit kann man da auch noch Kanada und Neuseeland dazuzählen, ist auch die Einbürgerungspolitik einbürgerungsfreundlicher ausgestaltet. Die Einbürgerung, als wichtigste Integrationsmassnahme, als Möglichkeit nämlich zur Partizipation, ist nirgends so schwierig wie bei uns. Es reicht nicht, einfach zu sagen, wir haben zu viele Ausländer – wir haben auch 22 Prozent sogenannte Ausländer, weil wir sie viel zu sehr daran hindern, Schweizer zu werden.

Ich bin überzeugt, dass in einem Land, in dem die Partizipation so wichtig ist, die Integration auch am besten über Partizipation funktionieren würde. Indem man die alte Idee der Demokratie lebt: Menschen, die von Entscheidungen betroffen sind, sollen Mit-EntscheiderInnen sein. Die Schweiz hat die Teilnahme in der Demokratie leider immer als Privileg der Schweizer verstanden und nicht als Menschenrecht. Man muss besonders viele Hürden bewältigen, um dieses Menschenrecht als sogenannter Ausländer auch wirklich zugesprochen zu bekommen.

Wir haben also 22 Prozent «Rote-Pass-Lose», weil wir ihnen den roten Pass nicht geben?
Ein Teil von ihnen sollte schon lange diesen Pass haben. Auf jeden Fall. Wenn jemand ein Jahr oder zwei Jahre bei uns wohnt und arbeitet, sollte er in die kommunale Demokratie integriert werden, er sollte auf Gemeindeebene gleichberechtigt sein. Das wäre das sogenannte Ausländerstimmrecht. Und nach fünf Jahren sollte er Schweizer Bürger werden dürfen. Doppelbürger, Dreifachbürger, Zehnfachbürger …, je mehr Zehnfachbürger, desto mehr Frieden auf der Welt, ganz bestimmt.

Das ist in Dänemark zum Beispiel eine Katastrophe, man wehrt sich dort gegen die Doppelbürgerschaft. Darauf will ja jetzt auch die SVP wieder zurückkommen. Das nationalistische Denken, dass an vielen Orten Europas herrscht, äussert sich so, dass es dort, wo es Doppelbürgerschaft gibt, diese in Frage gestellt wird. Dabei ist die Doppelbürgerschaft ganz entscheidend für die Migrationsbewältigung. Denn oft haben die Kinder von Emigranten nicht Schweizer werden wollen, weil deren Eltern das als Loyalitätsbruch empfunden hätten, wenn in ihren Herkunfts- oder Aufnahmestaaten kein Doppelbürgerrecht möglich ist. In Dänemark müssen sich die Migranten entscheiden. Das ist etwas Grausames, weil man die Kinder in eine Spannung zu ihren Eltern versetzt oder sie sich nicht mit dem neuen, für sie normal gewordenen Umfeld entspannen lässt.

Die Schweiz hat daraus leider nicht das gemacht, was sie hätte machen können, alle Abstimmungen, welche eine Einbürgerung hätten erleichtern können, sind wie jene für das Ausländerstimmrecht wegen des Phänomens abgelehnt worden, das ich vorher beschrieben habe. Indem man die unzufriedene Mehrheit gegen Schweizer mobilisierte, die hier geboren sind und keinen Schweizer Pass haben.

Wollen oder können wir uns nicht weiterentwickeln?
Ich glaube nicht, dass eine Mehrheit der Schweizer das genau so will. Aber es gibt ein paar, die das nicht so wollen und denen wird es erleichtert, eine Mehrheit für ihre Position zu finden, weil wir zu wenig dafür tun, dass es auch unter den Einheimischen weniger Unrecht gibt. Oder anders gesagt: Ein respektvoller und grosszügiger Umgang mit sogenannten Ausländern ist eben nur möglich in einem Land, in dem sich alle Einheimischen auch respektvoll und grosszügig behandelt fühlen. Das eine ist ein Spiegel des anderen.

In einem Land, das so wenig Acht auf die eigene Sozialpolitik gegeben hat – wie geht man zum Beispiel mit Schweizerinnen und Schweizern um, die Pech hatten durch Krankheit, Invalidität, Schwierigkeiten am Arbeitsplatz? –, bleibt immer eine mobilisierbare Summe von Menschen für eine restriktive, grausame, für eine rücksichtslose Ausländerpolitik.

Was wäre im Gegensatz dazu eine sinnvolle Politik?
Rein in Bezug auf die konkreten Politiken gibt es wohl in vielen Ländern Elemente, von denen man selber lernen könnte. Es gibt kein Land, das man kopieren könnte, aber es gibt in manchen viele Ideen, die man aufnehmen kann.

Seit Pestalozzi herrscht in der Schweiz beispielsweise die Überzeugung, dass jeder Schüler einen guten Lehrer verdient. Man ist bereit, viel Geld für die Schulen in der Schweiz auszugeben. Dieses Bewusstsein, dass Bildung etwas ganz Wesentliches ist, hat sich in der Schweiz schon relativ früh verankert. Man will zum Beispiel keine Klassen mit 30 Kindern, und je schwieriger die soziale Zusammensetzung einer Klasse ist, desto weniger Schüler sollten in dieser Klasse sein, damit jedes Kind auch wirklich etwas von der Lehrkraft bekommen kann.

Und das geht in unser Thema über, denn es würde heissen: für jeden Menschen, den wir aufnehmen und begleiten, ist der Staat auch bereit, in seine Begleitung zu investieren. Das hat man bei Flüchtlingen in der Schweiz aber viel zu wenig gemacht.

Man ist sich nicht bewusst gewesen, was diese Teilung von Europa seit dem Zweiten Weltkrieg bis 1989 für die andere Seite bedeutet hat.

Unter totalitären Systemen zu leben heisst, nicht zu lernen, mit Differenzen umzugehen. Menschen, die aus so einer Welt in unsere Welt kommen und erst noch eine traumatische Erfahrung hinter sich haben wie einen Krieg oder gewaltsame Ereignisse, die brauchen eine ganz andere Betreuung im vielfältigen Sinne dieses Wortes. Man muss ihnen in verschiedener Hinsicht unter die Arme greifen. Immer wieder. Und nicht nur der Generation, die als erwachsene Menschen zu uns flüchten, sondern auch ihren Kindern und den Familien in Bezug auf die Erziehung ihrer Kinder.

Denn diejenigen, die am meisten Schwierigkeiten haben, sind ja nicht die der ersten Generation, sondern oft diejenigen der zweiten oder dritten.

Diesbezüglich ist es sicher so, dass seit 1990 in Holland, Dänemark, Schweden und auch in Österreich mehr gemacht wurde mit und für die Flüchtlinge aus dem Balkan, damit sich diese Menschen am neuen Ort schneller wohl und zu Hause fühlen. Und sich zu Hause fühlen heisst eben auch, eine eigene starke Identität zu entwickeln, um mit den Konflikten, die sich automatisch in unseren Gesellschaften ergeben, anders umzugehen als mit Aggression und Gewalt.

Das ist das, was wir meiner Meinung nach jetzt lernen sollten. Jetzt, wo es in Europa keine Kriege und in diesem Sinne keine massenhaften Flüchtlingsbewegungen gibt. Es ist ja nicht sicher, dass im Kaukasus in den nächsten 20 Jahren kein Krieg entfacht wird oder dass sich die Situation in einem Staat, dessen abgewählter Präsident sich weigert, die Macht abzugeben und den neu Gewählten zuzulassen – wie Ende 2010 in der Elfenbeinküste –, nicht verschlimmert und zu einem blutig ausgetragenen Konflikt wird. Das würde sich dann sofort zeigen in den Flüchtlingsbewegungen.

Einstein würde sagen, die Welt ist ganz anders geworden. Riesige Distanzen sind auf null geschrumpft. Aber das Denken der Länder ist immer noch so, als ob wir nie nach Nigeria kämen und nie ein Nigerianer zu uns kommen würde. Noch vor 130 Jahren hat man den «Schwarzen Menschen» wie einen Zirkuselefanten in der Schweiz herumgeführt. Und das geistig-kulturelle Verhalten der Menschen ist oft so, als wäre dem immer noch so. Die Gesinnung und die Kultur sind überhaupt nicht auf der Höhe der Realitäten, völlig ungerechter Wirklichkeiten, dass die Welt nämlich zu einer grossen Stadt mit viel Unrecht geworden ist.

Diese Erkenntnis müsste man jetzt gewinnen, damit man in Zukunft nicht noch strenger sein muss. Wir müssen lernen, solidarischer und grosszügiger zu sein und auch zu wissen, was das heisst und was Grosszügigkeit kostet. In die Betreuung und Begleitung dieser Menschen müsste man ganz anders bereit sein zu investieren.

Würde das auch bedeuten, dass die 14 porträtierten Migrationsfachleute symbolisch verhundertfacht werden müssten?
Ich bin nicht sicher, ob man sie verhundertfachen sollte. Ich finde, unter denen, die Asylsuchende und Flüchtlinge betreuen, sollten genügend Berufsleute sein, die in der Schweiz aufgewachsen sind und die die Schweiz, die Schweizer Kultur und ihre Geschichte wirklich kennen.

Aus der Erfahrung heraus weiss ich, dass diejenigen, die in den 50er- und 60er-Jahren in die Schweiz gekommen sind, die Italiener, Spanier und Portugiesen, heute teilweise mit zu denjenigen gehören, die den Menschen, die aus dem Balkan zu uns kamen, nicht sehr offenherzig und solidarisch gegenüberstehen. Viele der neu eingebürgerten Schweizer sind nicht unbedingt grosszügiger und kosmopolitischer als ihre neuen Landsleute. Vielleicht weil sie eben selber kürzlich auch noch eher unanständig behandelt worden sind. Sie werden wie jene älteren Schweizer Mütter, die gegen die Mutterschaftsversicherung waren und sagten, wir haben es auch ohne machen müssen, also macht ihr jungen Frauen es jetzt gefälligst auch ohne. Oft ist es doch so: Wenn es einem selbst nicht gut gegangen ist, ist man nicht dafür, dass es anderen besser gehen soll.

Um das zu verhindern, brauchen diese Migrationsfachleute selber auch eine gute Betreuung.

Ich bin mir nicht sicher, ob das nicht auch ein Ausdruck der Tatsache ist, dass die Schweiz nicht viel ins Asylwesen investieren will, dass sie es sich zu billig und zu einfach macht. Denn wenn sie einen ausgebildeten Sozialarbeiter oder eine ausgebildete Sozialarbeiterin anstellen müsste, kostet das mehr als jemand, der als «Quereinsteiger» zu einem Beruf im Asylwesen gekommen ist. Jemand, der froh ist, überhaupt einen Job zu bekommen in einer Gesellschaft, die ihm viele Jobs schon einmal verwehrt.

Die Idee an sich ist gut, aber es bräuchte noch mehr Entgegenkommen von Seiten des Staates, eben breite Aus- und Weiterbildungsmöglichkeiten, Supervision und so weiter.

Nur jemand, bei dem die Integration solide ist, wird auch dafür sorgen, dass diejenigen, die später kommen, besser behandelt werden, als man ihn einst behandelt hat.

Sie wählen Ihre Worte mit Bedacht, sprechen von «sogenannten Ausländern» und von «Schweizern ohne roten Pass» – was bedeutet für Sie ein «echt integrierter Mensch»?
In der Sprache äussert sich das Denken, und das Verändern der Realität beginnt in einer adäquaten Sprache. In den letzten 20, 30 Jahren beobachte ich diesbezüglich eine Brutalisierung, eine Verarmung, eine grössere Unsorgfalt im Umgang mit der Sprache, die auch unmittelbar katastrophale Bedeutung für die Politik hat. Das Wort «Integration» – zum Glück sprechen wir nicht von «Assimilation» – ist nicht unproblematisch. Denn es suggeriert immer eine Ein-Weg-Bewegung, wo es eigentlich eine Zwei-Weg-Bewegung geben muss.

Die alte Gesellschaft muss sich öffnen und muss dazu bereit sein, sich in Frage stellen zu lassen, genauso wie die neu ankommende Person offen sein muss und bereit, sich einzufinden. Die beste Beschreibung des Zustandes, den wir anstreben sollten, ist die alte Form der «Heimat», der Ort, an dem man sich aufgehoben und zu Hause fühlt. Ein integrierter Mensch sollte sich an möglichst vielen Orten der Welt aufgehoben und daheim fühlen.

Letztlich ist das vielleicht eine konkrete Utopie, eine Perfektion, die es nicht gibt. Aber der Sinn einer solchen politischen Utopie ist, dass wir sie anstreben im Wissen, dass wir sie nie erreichen können. Wir müssen ihr näherkommen im Bewusstsein, nie angekommen sein zu können.

Der Journalist und Dokumentarfilmer Roman Brodmann hat das einmal schön gesagt: Es gibt so viele Möglichkeiten, dass die Schweiz so wird, wie die Schweizer meinen, dass sie sei. Das wäre eigentlich das Ziel. Dass die Diskrepanz zwischen Realität und Anspruch kleiner wird. Die Schweiz könnte es tatsächlich ohne Not vielen Menschen viel, viel einfacher machen. Schweizern und sogenannten Ausländern.

Anhang

Asylsuchende in der Schweiz – Tour d'Horizon

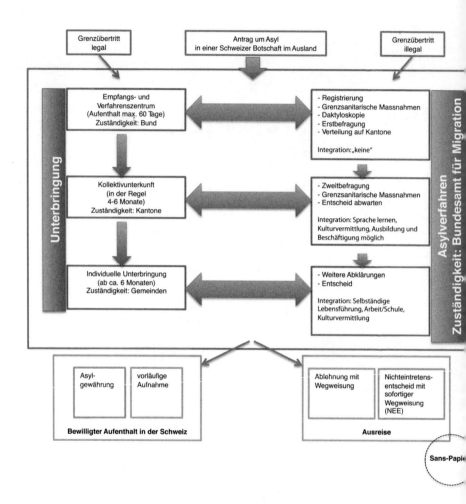

Schweizerische Eidgenossenschaft
Confédération suisse
Confederazione Svizzera
Confederaziun svizra

Eidgenössisches Justiz- und Polizeidepartement EJPD
Bundesamt für Migration BFM
Direktionsbereich Asylverfahren DB AV

Qualitätskriterien

Anhörung zu den Asylgründen

Stand: Oktober 2009

Quelle: Bundesamt für Migration, Direktionsbereich Asylverfahren
link: http://www.bfm.admin.ch/content/dam/data/migration/asyl schutz_vor_verfolgung/asylverfahren/weitere_themen/vademekum anhoerung-d.pdf

Qualitätskriterien

1. Der Rahmen für die Anhörung ist professionell gestaltet
2. Die Anhörung ist fallspezifisch vorbereitet
3. Die Anhörung ist fallspezifisch konzipiert
4. Asylsuchende werden über Zweck, Ablauf und Regeln der Anhörung orientiert
5. Die Anhörung erfolgt unvoreingenommen, fair und mit Respekt
6. Die Anhörung ist ergebnisorientiert geleitet und gesteuert
7. Fragen und Antworten sind unparteiisch, präzis und vollständig übersetzt
8. Die Fragetechniken sind effektiv
9. Die Sprache der Anhörung ist adressaten- und situationsgerecht
10. Wesentliche Ungereimtheiten sind thematisiert
11. Nonverbale Äusserungen sind thematisiert und aktenkundig gemacht
12. Bei längeren Anhörungen werden Pausen eingelegt
13. Die entscheidrelevanten Fragen sind abschliessend geklärt
14. Das Anhörungsprotokoll ist wortgetreu und wird rückübersetzt
15. Rechtsbelehrung und Abschluss der Anhörung erfolgen ordnungsgemäss

Qualitätskriterien
Anhörung zu den Asylgründen

1. **Der Rahmen für die Anhörung ist professionell gestaltet**

   a) Die befragende Person sorgt für ein der Sachverhaltsermittlung förderliches und vertrauensvolles Anhörungsklima. Ihr Verhalten, ihr Auftreten und ihre Kleidung spiegeln die Korrektheit, Professionalität und Kompetenz der Behörde wider.

   b) Der Anhörungsraum ist aufgeräumt und sauber.

   c) Die befragende Person stellt sicher, dass die Anhörung von äusseren Störungen frei ist und leitet Telefone um.

   d) Die Sitzanordnung gewährleistet einen direkten Blickkontakt zwischen der befragenden und der asylsuchenden Person.

   e) Für die Teilnehmenden steht Trinkwasser zur Verfügung.

2. **Die Anhörung ist fallspezifisch vorbereitet**

   a) Die Anhörung lässt auf eine einzelfallspezifische Vorbereitung schliessen und erkennen, dass die Akten sorgfältig ausgewertet worden sind. Vorhandene Beweismittel und Referenzdossiers wurden bei der Anhörungsvorbereitung berücksichtigt.

   b) Die befragende Person verfügt über das erforderliche länderspezifische Hintergrundwissen. Im Vorfeld der Anhörung konsultiert sie gezielt die für den Einzelfall relevanten Informationsquellen (z.B. APPA).

   c) Die befragende Person verfügt über jene Kenntnisse und Informationen, die es im Einzelfall für eine kompetente Durchführung von Anhörungen mit spezifischen Aspekten braucht (z.B. Anhörungen von Minderjährigen oder Gewaltopfern; Ausschlussfälle).

3. **Die Anhörung ist fallspezifisch konzipiert**

   a) Die Anhörung ist fallspezifisch konzipiert und auf die gemäss geltender Asylpraxis wesentlichen Themen fokussiert. Der Ablauf der Anhörung erfolgt deshalb nicht nach einem festen Schema.

   b) Der Grobablauf der Anhörung wird geplant; die Gliederung und die Schwerpunkte der Anhörung stehen fest.

   c) Die im Einzelfall entscheidenden Fragen und Aspekte des Gesuchs werden festgelegt und, z.B. in einer individuellen Checkliste, stichwortartig festgehalten. Themen, die in der Anhörung zwingend geklärt werden müssen, stehen ebenso fest wie Bereiche, die nicht mehr thematisiert werden müssen. Themen der Befragung zur Person werden nur dann nochmals aufgegriffen, wenn dies für den Asylentscheid nötig ist.

   d) Die befragende Person ist auf Grund des Anhörungskonzepts in der Lage, den zeitlichen Umfang der Anhörung abzuschätzen. Die Zeitplanung schliesst Pausen und die Rückübersetzung ein. Die befragende Person ist sich bewusst, dass die Zeitplanung durch Unvorhergesehenes gestört werden kann.

4. **Asylsuchende werden über Zweck, Ablauf und Regeln der Anhörung orientiert**

   a) Die befragende Person holt die asylsuchende Person in der Regel zur Anhörung ab. Sie spricht sie bei der Begrüssung mit Namen an. Sie stellt sich sowie die anderen im Anhörungsraum anwesenden Personen vor und erklärt deren Rollen und Aufgaben.

   b) Die befragende Person informiert die asylsuchende Person zu Beginn der Anhörung in einer verständlichen Weise über den Zweck, den groben Ablauf, den wesentlichen Inhalt und die Spielregeln der Anhörung.

   c) Die befragende Person stellt sicher, dass die asylsuchende Person ihre Rechte und Pflichten kennt.

5. **Die Anhörung erfolgt unvoreingenommen, fair und mit Respekt**

   a) Alle anwesenden Personen behandeln die asylsuchende Person mit Respekt; der Ton und die Sprache der Anhörung sind angemessen. Alle Personen unterlassen vor, während und nach der Anhörung alles, was auf Seiten der asylsuchenden Person den Eindruck der Voreingenommenheit oder Diskriminierung wecken könnte.

   b) Die befragende Person wahrt während der Anhörung die nötige professionelle Distanz zur asylsuchenden Person. Sie unterlässt Mitleid- oder Sympathiebezeugungen, zeigt jedoch - wo nötig - Empathie.

6. **Die Anhörung ist ergebnisorientiert geleitet und gesteuert**

   a) Die befragende Person steuert die Anhörung mit Blick auf die für den Entscheid wesentlichen Themen und die dafür erforderliche Abklärungstiefe.

   b) Die befragende Person klärt die für die Beurteilung der Eintretensvoraussetzungen, der Flüchtlingseigenschaft und von Wegweisungshindernissen wesentlichen Sachverhaltselemente soweit möglich abschliessend und schlüssig ab. Wenn der erstellte Sachverhalt gemäss gefestigter länderspezifischer Praxis den Anforderungen an die Flüchtlingseigenschaft nicht genügt und praxisgemäss keine Wegweisungshindernisse bestehen, nimmt die befragende Person keine Prüfung der Glaubhaftigkeit vor.

   c) Die befragende Person behält die Kontrolle über die Anhörung und leitet diese ergebnisorientiert. Bei unwesentlichen oder abschweifenden Aussagen der asylsuchenden Person greift sie ein und führt zur Sache zurück. Sie weist diese auf die möglichen Konsequenzen hin, wenn sie ihrer Mitwirkungspflicht nicht nachkommt.

   d) Die befragende Person ist in der Lage, den geplanten Anhörungsablauf flexibel zu gestalten und neuen Vorbringen oder Fragestellungen anzupassen.

   e) Die befragende Person gibt der Hilfswerkvertretung jeweils nach Abschluss eines thematischen Blocks und am Ende der Anhörung Gelegenheit, Fragen zu stellen.

7. **Fragen und Antworten sind unparteiisch, präzis und vollständig übersetzt**

   a) Die befragende Person stellt sicher, dass die Verständigung mit der dolmetschenden Person gewährleistet ist und dass sich dieser an ihre Funktion als Sprachmedium hält. Sie unterbindet Zwiegespräche zwischen der dolmetschenden und der asylsuchenden Person.

   b) Die befragende Person stellt sicher, dass das Protokoll den Verlauf und den Inhalt der Anhörung präzis abbildet.

   c) Allfällige Schwierigkeiten bei der Verständigung zwischen der dolmetschenden und der asylsuchenden Person werden protokolliert.

   d) Längere Aussagen der asylsuchenden Person werden von der befragenden Person zwecks Übersetzung unterbrochen.

8. **Die Fragetechniken sind effektiv**

   a) Die befragende Person beachtet die allgemeinen Grundsätze der Vernehmungslehre. Sie setzt die im Hinblick auf die Feststellung des Sachverhalts und die Entscheidfindung geeigneten und wirksamen Fragetechniken ein. Sie baut Kommunikationshemmnisse ab.

   b) Die befragende Person gibt der asylsuchenden Person durch offene Fragen Gelegenheit, sich zu wesentlichen Fragen frei zu äussern. Sie hört aktiv zu, spricht selber so wenig als nötig und stellt kurze, leicht verständliche Fragen. Sie variiert zwischen offenen und geschlossenen Fragen.

   c) Die befragende Person stellt nicht mehrere Fragen gleichzeitig.

   d) Die befragende Person stellt keine Suggestivfragen und keine vorwurfsvollen Fragen.

9. **Die Sprache der Anhörung ist adressaten- und situationsgerecht**

a) Fragen und Informationen tragen der Persönlichkeit, der Biographie und dem kulturellen Hintergrund von Asylsuchenden Rechnung (Alter, Geschlecht, Gesundheit, gesellschaftliche Stellung, Bildungsstand, Religion usw.).

b) Die befragende Person beachtet Aspekte der interkulturellen Kommunikation.

c) Bei unbegleiteten Minderjährigen und bei Personen, die Gewalt erfahren haben, werden spezifische rechtliche Bestimmungen und Fragetechniken beachtet.

10. **Wesentliche Ungereimtheiten sind thematisiert**

a) Anhand der Umstände des Einzelfalls wird bestimmt, welcher Grad an Genauigkeit und Substanziiertheit in den Aussagen vom Asylsuchenden verlangt werden kann.

b) Mögliche Missverständnisse werden mittels Rückfragen oder Umformulierungen geklärt.

c) Der asylsuchenden Person wird während der Anhörung Gelegenheit geboten, zu wesentlichen Ungereimtheiten in ihren Aussagen Stellung zu nehmen. Vorzuhalten sind namentlich mangelnde Substanz, fehlende Logik, Tatsachenwidrigkeiten und Widersprüche. Dabei wird konsequent nachgefragt, falls die Antworten die Zweifel an der Glaubhaftigkeit der Aussagen nicht ausräumen. In welcher Phase der Anhörung die Vorhalte erfolgen, wird situativ entschieden.

d) In der Phase der Konfrontation der asylsuchenden Person mit Ungereimtheiten und Widersprüchen ist abwertendes Verhalten der beteiligten Personen, sowohl verbal als auch nonverbal, zu vermeiden.

11. Nonverbale Äusserungen sind thematisiert und aktenkundig gemacht

a) Nonverbale Äusserungen (Gefühlsregungen, Mimik, Gestik, Schweigen usw.) und Zwischenfälle werden in der Anhörung angesprochen, aktenkundig und somit für Dritte nachvollziehbar gemacht.

b) Zögerliche oder ausweichende Antworten bzw. auffällige Verhaltensweisen der asylsuchenden Person sind in der Anhörung anzusprechen und die Antworten im Protokoll festzuhalten.

12. Bei längeren Anhörungen werden Pausen eingelegt

a) Bei der Festlegung der Pausen ist auf die Bedürfnisse aller Anhörungsteilnehmenden zu achten.

b) Bei mehr als zweistündigen Anhörungen wird eine Pause eingelegt, deren Dauer bekanntgegeben und im Protokoll festgehalten wird. Bei Anhörungen von Minderjährigen und Gewaltopfern können häufigere Pausen erforderlich sein.

c) In den Pausen wird darauf geachtet, dass die gebotene professionelle Distanz zwischen den Beteiligten an der Anhörung aufrecht erhalten wird.

d) Die Anhörung einer asylsuchenden Person dauert einschliesslich Rückübersetzung in der Regel höchstens vier Stunden. Lässt sich der entscheidrelevante Sachverhalt innert dieser Zeitspanne nicht abschliessend erstellen, schafft die befragende Person die Voraussetzungen dafür, dass die notwendigen zusätzlichen Instruktionsmassnahmen effizient getroffen werden können.

13. Die entscheidrelevanten Fragen sind abschliessend geklärt

a) Am Ende der Anhörung wird, z.B. anhand einer individuellen Checkliste, überprüft, ob der relevante Sachverhalt ausreichend ermittelt und die für die Entscheidfindung wesentlichen Fragen vertieft und abschliessend geklärt wurden.

b) Die Hilfswerkvertretung wird gefragt, ob sie noch Fragen an die asylsuchende Person hat.

14. **Das Anhörungsprotokoll ist wortgetreu und wird rückübersetzt**

   a) Das wortgetreu und sprachlich korrekt verfasste Protokoll wird am Ende der Anhörung in Anwesenheit der befragenden Person rückübersetzt. Korrekturen werden im Protokoll gekennzeichnet. Die asylsuchende Person hat jedes rückübersetzte Blatt des Protokolls zu unterschreiben.

   b) Machen Asylsuchende anlässlich der Rückübersetzung Korrekturen geltend, so werden diese - als solche kenntlich gemacht - in der Regel am Ende des Protokolls festgehalten.

   c) Wenn Asylsuchende auf eine Rückübersetzung verzichten, wird dies im Protokoll schriftlich festgehalten und von der asylsuchenden Person unterschriftlich bestätigt.

15. **Rechtsbelehrung und Abschluss der Anhörung erfolgen ordnungsgemäss**

   a) Die asylsuchende Person wird zum Abschluss der Anhörung über ihre Rechtsmittel orientiert.

   b) Die Dauer der Anhörung einschliesslich der Rückübersetzung wird im Protokoll festgehalten.

   c) Die befragende Person begleitet die asylsuchende Person in der Regel an den Ort zurück, wo sie diese empfangen hat und verabschiedet sich von ihr.

* * *

Adressen

Liste von im Asylwesen Schweiz tätigen Organisationen und Hilfswerken (Auswahl)

ABS Betreuungsservice AG
Organisationsbereich Asylwesen
Hertnerstrasse 1
4133 Pratteln
Telefon 061 825 50 50
Fax 061 825 50 60
asylwesen@betreuungsservice.ch

Asyl Biel und Region
Bahnhofstr. 48
2501 Biel
Telefon 032 329 99 40
Fax 032 329 99 41
abr@biel-bienne.ch
www.abrasyl.ch

Caritas Schweiz
Löwenstrasse 3
Postfach
6002 Luzern
Telefon 041 419 22 22
Fax 041 419 24 24
info@caritas.ch
www.caritas.ch

Heilsarmee Flüchtlingshilfe
Effingerstrasse 67
3008 Bern
Telefon 031 380 18 80
Fax 031 398 04 28
fs_heilsarmee@swi.salvationarmy.org
www.heilsarmee.ch/fluechtlingshilfe

Hilfswerk der Evangelischen Kirchen Schweiz HEKS
Seminarstrasse 28
Postach
8042 Zürich
Telefon 044 360 88 00
Fax 044 360 88 01
info@heks.ch
www.heks.ch

ORS Service AG
Forchstrasse 45
Postfach
8032 Zürich
Telefon 044 386 67 67
Fax 044 386 67 69
info@ors.ch
www.ors.ch

Schweizerisches Arbeiterhilfswerk SAH
Postfach 2238
8031 Zürich
Telefon 044 444 19 19
Fax 044 444 19 00
info@sah.ch
www.sah.ch

Schweizerische Flüchtlingshilfe SFH
Weyermannsstrasse 10
Postfach 8154
CH-3001 Bern
Telefon 031 370 75 75
Fax 031 370 75 00
info@fluechtlingshilfe.ch
www.fluechtlingshilfe.ch

Schweizerisches Rotes Kreuz
Rainmattstrasse 10
CH-3001 Bern
Telefon 031 387 71 11
Fax 031 387 71 22
info@redcross.ch
www.redcross.ch

UNHCR-Büro für die Schweiz und Liechtenstein
94, rue de Montbrillant
Case Postale 2500
CH-1211 Genève 2 Dépôt
Telefon 022 739 7444
hqls@unhcr.org
www.unhcr.ch

Zürcher Fachorganisation AOZ
Zypressenstrasse 60
8040 Zürich
Telefon 044 415 65 00
Fax 044 415 65 01
info@aoz.ch
www.aoz.ch

Beratungs- und Anlaufstellen für Sans-Papiers

AG
spagat
Kirchgasse 19
5000 Aarau
spagat@heks.ch
www.sans-papiers.ch

BE
Berner Beratungsstelle für Sans-Papiers
Eigerplatz 5
3007 Bern
beratung@sans-papiers-contact.ch
www.sans-papiers-contact.ch

BS
Anlaufstelle für Sans-Papiers
Rebgasse 1
4058 Basel
basel@sans-papiers.ch
www.sans-papiers.ch

ZH
Sans-Papiers Anlaufstelle Zürich SPAZ
Birmensdorferstrasse 200
Postfach 1536
8026 Zürich
zuerich@sans-papiers.ch
www.sans-papiers.ch/zuerich

Ausbildungsstätten mit Lehrgängen «Migrationsfachfrau/-mann»

Agogis INSOS W&O
Institut für Weiterbildung und Organisationsberatung
Röntgenstrasse 16
8031 Zürich
Telefon 043 366 71 10
Fax 043 366 71 11

Centre Interrégional de Perfectionnement CIP
Ch. des Lovières 13
2720 Tramelan
Telefon 032 486 06 06
Fax 032 486 06 07

Bundesamt für Migration und kantonale Migrationsämter

Bundesamt für Migration (Hauptsitz)
Quellenweg 6
3003 Bern-Wabern
Telefon 031 325 11 11
Fax 031 325 93 79

AG
Migrationsamt Kanton Aargau
Bahnhofstrasse 86/88
Postfach
5001 Aarau
Telefon 062 835 18 60
Fax 062 835 18 29
migrationsamt@ag.ch
www.ag.ch/migrationsamt

AI
Amt für Ausländerfragen
des Kantons Appenzell I.Rh.
Marktgasse 2
9050 Appenzell
Telefon 071 788 95 21
Fax 071 788 95 29
www.ai.ch

AR
Migrationsamt Appenzell A. Rh.
Landsgemeindeplatz 5
Postfach
9043 Trogen
Telefon 071 343 63 33
Fax 071 343 63 39
migrationsamt@ar.ch
www.ar.ch/migrationsamt

BE
Migrationsdienst des Kantons Bern
Eigerstrasse 73
3011 Bern
Telefon 031 633 53 15
Fax 031 633 47 39
midi.info@pom.be.ch
www.be.ch/migration

BL
Amt für Migration
Parkstrasse 3
4402 Frenkendorf
Telefon 061 552 51 61
Fax 061 921 04 24

BS
Justiz- und Sicherheitsdepartement BS
Migrationsamt
Spiegelgasse 12
Postfach
4001 Basel
Telefon 061 267 70 70
Fax 061 267 72 03
migrationsamt@jsd.bs.ch
www.bdm.bs.ch

FR
Service de la population et des migrants
SPoMi
Rte d'Englisberg 11
1763 Granges-Paccot
Telefon 026 305 14 92
Fax 026 466 17 85
spomi@fr.ch

GE
Office cantonal de la population
Police des étrangers
Rte de Chancy 88
Case postale 2652
1211 Genève 2
Telefon 022 546 48 88
Fax 022 546 48 10
www.ge.ch/ocp/
ocp@etat.ge.ch

GL
Fachstelle für Migration
Postgasse 29
8750 Glarus
Telefon 055 646 68 90
Fax 055 646 68 91
migration@gl.ch
www.gl.ch

GR
Amt für Polizeiwesen
Fremdenpolizei GR
Karlihof 4
7000 Chur
Telefon 081 257 21 21
Fax 081 257 21 46
info@apz.gr.ch
www.apz.gr.ch

JU
Service de la population
1, rue du 24-Septembre
2800 Delémont
Telefon 032 420 56 80
Fax 032 420 56 81
secr.spop@jura.ch
www.jura.ch/DECC/SPOP/Service-de-la-population.html

LU
Amt für Migration
des Kantons Luzern
Fruttstrasse 15
6002 Luzern
Telefon 041 228 77 80
Fax 041 210 15 87
migration@lu.ch
www.migration.lu.ch

NE
Service des migrations
Office du séjour et de l'établissement
Rue de Tivoli 28
2003 Neuchâtel
Telefon 032 889 63 10
Fax 032 889 98 23
smig@ne.ch
www.ne.ch/servicemigrations

NW
Amt für Justiz
Migration
Kreuzstrasse 2
6371 Stans
Telefon 041 618 44 90 / 91
Fax 041 618 44 87
migration@nw.ch
www.nw.ch

OW
Amt für Arbeit Obwalden
Abteilung Migration
St. Antonistrasse 4
6061 Sarnen
Telefon 041 666 66 70
Fax 041 666 66 75
migration@ow.ch
www.ow.ch

SG
Ausländeramt des Kantons St. Gallen
St. Leonhard-Strasse 40
9001 St. Gallen
Telefon 071 229 31 11
Fax 071 229 46 08
auslaenderamt@sg.ch
www.auslaenderamt.sg.ch

SH
Migrationsamt Schaffhausen
Mühlentalstrasse 105
8200 Schaffhausen
Telefon 052 632 74 76
Fax 052 632 78 23
migrationsamt@ktsh.ch
www.sh.ch

SO
Amt für öffentliche Sicherheit
Migration und Schweizer Ausweise
Ambassadorenhof
4509 Solothurn
Telefon 032 627 28 37
Fax 032 627 22 67
migration@ddi.so.ch
www.migration.so.ch

SZ
Amt für Migration
Steistegstrasse 13
Postfach 454
6431 Schwyz
Telefon 041 819 22 68
Fax 041 819 22 79
afm@sz.ch
www.kantonschwyz.ch

TG
Migrationsamt des Kt. Thurgau
Schlossmühlestrasse 7
8510 Frauenfeld
Telefon 052 724 15 55
Fax 052 724 15 56
www.migrationsamt.tg.ch

TI
Sezione della populazione
6501 Bellinzona
Telefon 091 814 72 11
Fax 091 814 72 19
di-sp@ti.ch
www.ti.ch/populazione

UR
Amt für Arbeit und Migration
Abteilung Migration
Klausenstrasse 4
6460 Altdorf
Telefon 041 875 27 05
Fax 041 875 27 92
migration@ur.ch
www.ur.ch

VD
Service de population
Secteur Etrangers
Avenue de Beaulieu 19
1014 Lausanne
Telefon 021 316 46 46
Fax 021 316 46 45
info.population@vd.ch
www.population.vd.ch

VS
Service cantonal de l'état civil et des étrangers
Avenue de la Gare 39
1950 Sion
Telefon 027 606 55 52
Fax 027 606 55 54
www.vs.ch

ZG
Amt für Migration
Aabachstrasse 1
Postfach 857
6301 Zug
Telefon 041 728 50 50
Fax 041 728 50 69
info.afm@zg.ch
www.zug.ch/afm

ZH
Migrationsamt des Kantons Zürich
Berninastrasse 45
Postfach
8090 Zürich
Telefon 043 259 88 00
Fax 043 259 88 10
info@ma.zh.ch
www.ma.zh.ch oder
www.migrationsamt.zh.ch

*

FL
Ausländer- und Passamt
Städtle 38
FL-9490 Vaduz
Telefon +423 236 61 11
info@apa.llv.li
www.apa.llv.li

Fachstellen für Integrationsfragen

AG
Anlaufstelle Integration Aargau
Kasinostrasse 25
5000 Aarau
Telefon 062 823 41 13
integration@integrationaargau.ch
www.integrationaargau.ch

Migrationsamt Kanton Aargau
Sektion Integration und Beratung
Barbara Cavelti
Bleichemattstrasse 7
5001 Aarau
Telefon 062 835 18 09
barbara.cavelti@ag.ch

AI
Justiz-, Polizei- und Militärdepartement
Frau Dorothee Gmünder
Marktgasse 10d
9050 Appenzell
Telefon 071 788 95 91
dorothee.gmuender@jpmd.ai.ch

AR
Departement Inneres und Kultur
Amt für Gesellschaft
Bereich Asyl und Integration
Obstmarkt 1
9102 Herisau 2
Telefon 071 353 64 56
max.eugster@ar.ch

BE
Informationsstelle für Ausländerinnen und Ausländerfragen ISA
Bollwerk 39
3011 Bern
Telefon 031 310 12 70
isa@isabern.ch
www.isabern.ch

MULTIMONDO
Begegnung–Bildung–Beratung
Kompetenzzentrum Integration
Jürg Walker
Quai du Haut 22
2503 Bienne
Telefon 032 322 50 20
juerg.walker@multimondo.ch
www.multimondo.ch

Gesundheits- und Fürsorgedirektion des Kantons Bern
Fachstelle für Integration
Roland Beeri
Rathausgasse 1
3011 Bern
Telefon 031 633 78 40
roland.beeri@gef.be.ch

BL
Fachstelle Integration
Integrationsbeauftragter
Hans Beat Moser
Rathausstrasse 24
4410 Liestal
Telefon 061 552 66 53
Fax 061 552 69 03
hans-beat.moser@bl.ch
www.integration.bl.ch

Ausländerdienst Baselland
Bahnhofstrasse 16
4133 Pratteln
Telefon 061 827 99 00
Fax 061 827 99 09
info@auslaenderdienstbl.ch
www.auslaenderdienstbl.ch

BS
«Integration Basel»
Fachstelle Integration und
Antidiskriminierung
(Präsidialdepartement des Kantons Basel-Stadt)
Elisa Streuli
Schneidergasse 7
4051 Basel
Telefon 061 267 78 40
Fax 061 267 78 39
integration@bs.ch
www.welcome-to-basel.bs.ch

GGG Ausländerberatung
Informationsstelle Integration
Eleonore Wettstein, Britta Scharping, Robert Weller
Eulerstrasse 26
4051 Basel
Telefon 061 206 92 27/22
integration@ggg-basel.ch
www.auslaenderberatung.ch

Beratungsstelle für Asylsuchende BAS
Schützenmattstrasse 16a
Postfach 153
4003 Basel
Telefon 061 264 94 24
Fax 061 264 94 29
bas-basel@bas-basel.ch

FR
Bureau de l'intégration des migrant-e-s et de la prévention du racisme, canton de Fribourg
Fachstelle für die Integration der MigrantInnen und für Rassismusbekämpfung, Kanton Freiburg
Grand-Rue 26
1700 Fribourg
Telefon 026 305 14 85
integration@fr.ch
www.fr.ch/integration

GE
Bureau de l'intégration des étrangers
15, rue Pierre Fatio
1204 Genève
Telefon 022 546 74 99
Fax 022 546 74 90
integration.etrangers@etat.ge.ch
www.geneve.ch/integration

GL
Fachstelle Integration
Lourdes Girolimetto
Gerichtshausstrasse 25
8750 Glarus
Telefon 055 646 62 26
Fax 055 646 62 31
lourdes.girolimetto@gl.ch

GR
Amt für Polizeiwesen und Zivilrecht
Graubünden – Fachstelle Integration
Patricia Ganter Sonderegger
Karlihof 4
7001 Chur
patricia.ganter@apz.gr.ch
Telefon 081 257 36 81
www.apz.gr.ch

eins zu eins
c/o Regionaler Sozialdienst Chur
Rohanstrasse 5
7000 Chur
einszueins@soa.gr.ch

JU
Bureau de l'intégration des et étrangers et de lutte contre le racisme – Jura
Nicole Bart
1, Rue du 24 septembre
2800 Delémont
Telefon 032 420 56 94
nicole.bart@jura.ch
www.jura.ch

203

LU
FABIA Fachstelle für die Beratung und Integration von Ausländerinnen und Ausländern
Tribschenstrasse 78
6005 Luzern
Telefon 041 360 07 22
info@fabialuzern.ch
www.fabialuzern.ch und
www.integration-zentralschweiz.ch

Fachstelle Gesellschaftsfragen, Bereich Integration
Rösslimattstrasse 37
Postfach 3439
6002 Luzern
Telefon 041 228 67 12
gesellschaftsfragen@lu.ch

NE
Service de la cohésion multiculturelle
Thomas Facchinetti,
Ingela Geith-Chauvière
Av. Léopold-Robert 90
2300 La Chaux-de-Fonds
Telefon 032 889 74 42
thomas.facchinetti@ne.ch
ingela.geith-chauviere@ne.ch
www.ne.ch/migrationsetintegration

NW
Integrationsbeauftragte Fachstelle Gesellschaftsfragen
Ylfete Fanaj
Bahnhofplatz 3
6371 Stans
Telefon 041 618 75 91
ylfete.fanaj@nw.ch

FABIA (siehe: Luzern)

OW
Sozialamt Obwalden
Fachstelle Integration
Dorfplatz 4
6061 Sarnen

SG
ARGE Integration Ostschweiz
Dr. Fredy Zeier
Multergasse 11
Postfach 133
9001 St. Gallen
Telefon 071 228 33 99
fredy.zeier@integration-sg.ch
www.integration-sg.ch

Departement des Innern Kompetenzzentrum Integration, Gleichstellung und Projekte
Regierungsgebäude
9001 St. Gallen
Telefon 071 229 33 36
beda.meier@sg.ch
www.integration.sg.ch

SH
Integres Integrationsfachstelle für die Region Schaffhausen
Krummgasse 10
8200 Schaffhausen
Telefon 052 624 88 67
info@integres.ch
www.integres.ch

SO
Integrationsdelegierter des Kantons Solothurn
Amt für soziale Sicherheit ASO
Fachstelle Integration
Ambassadorenhof
4509 Solothurn
Telefon 032 627 60 14
aso@ddi.so.ch
www.integration.so.ch

SZ
KomIn Kompetenzzentrum für Integration
Hamit Zeqiri
Centralstrasse 18
6410 Goldau SZ
Telefon 041 859 07 70
Fax 041 859 07 79
hamit.zeqiri@kom-in.ch
integration-sz@kom-in.ch
www.kom-in.ch

Volkswirtschaftsdepartement
Departementssekretariat, Ansprechstelle für Integrationsfragen
Bahnhofstrasse 15
Postfach 1180
6431 Schwyz
Telefon 041 819 16 72
vd@sz.ch
www.sz.ch/integration

TG
FFI Frauenfeld
Fachstelle für Integration
Zürcherstrasse 86
8500 Frauenfeld
Telefon 052 724 70 30
fachstelle@infomig.ch
www.infomig.ch

Regionale Fachstelle Integration –
Stadtverwaltung Kreuzlingen
Postfach 1015
8280 Kreuzlingen
integration@kreuzlingen.ch
www.migration-kreuzlingen.ch
www.kreuzlingen.ch

Migrationsamt des Kantons Thurgau
Fachstelle Integration
Oliver Lind
Schlossmühlestrasse 7
8510 Frauenfeld
Telefon 052 724 15 39
oliver.lind@tg.ch
www.migrationsamt.tg.ch

TI
Delegato cantonale all'integrazione degli stranieri e alla lotta al razzismo
Francesco Mismirigo
Residenza governativa
Piazza Governo
6502 Bellinzona
Telefon 091 814 32 01
francesco.mismirigo@ti.ch
di-ds@ti.ch
www.ti.ch/integrazione-stranieri

Centro di competenza sulla migrazione (CCM)
S/c Euro de Ornelas
Piazzetta delle Corporazioni 1
6600 Locarno
Telefon 091 752 21 10
ccm@sos-ti.ch

UR
Bildungs- und Kulturdirektion
Ansprechstelle für Integrationsfragen
Eveline Lüönd
Klausenstrasse 4
6460 Altdorf
Telefon 041 875 20 66
eveline.luond@ur.ch

VD
Bureau cantonal pour l'intégration des étrangers
et la prévention du racisme
Département de l'intérieur - SPOP
Magaly Hanselmann
Av. de Beaulieu 19
1014 Lausanne
Telefon 021 316 49 59
magaly.hanselmann@vd.ch
www.vd.ch/integration

Bureau lausannois pour l'intégration des immigrés
Gabriela Amarelle, Mathias Schaer
Place de la Riponne 10
Case postale 5032
1002 Lausanne
Telefon 021 315 72 45
bli@lausanne.ch
www.lausanne.ch/bli

VS
Service de la population et des migrations (SPM)
Jacques Rossier
Avenue de la Gare 39
Case postale 478
1951 Sion
Telefon 027 606 55 85
jacques.rossier@admin.vs.ch

ZG
Kantonales Sozialamt Zug
Sozialhilfe und Integration
Martin Strickler
Fachverantwortlicher Integration
Neugasse 2
6300 Zug
Telefon 041 728 37 09
Fax 041 41 728 37 17
martin.strickler@zg.ch
www.zug.ch/sozialamt

ZH
Kantonale Fachstelle für Integrationsfragen
Julia Morais
Neumühlequai 10
Postfach
8090 Zürich
Telefon 043 259 25 31
Fax 043 259 51 16
julia.morais@ji.zh.ch

Integrationsförderung
Wildbachstrasse 32
Postfach
8402 Winterthur
Telefon 052 267 36 90
Fax 052 267 36 91
nadja.witzemann@win.ch
www.integration.winterthur.ch

Integrationsförderung Stadt Zürich
Stadthaus, Stadthausquai
8022 Zürich
Telefon 044 412 37 37
integrationsfoerderung@zuerich.ch
www.integrationsfoerderung@zuerich.ch

Glossar

basierend auf und mit freundlicher Genehmigung der ORS Service AG, Betreuung von Asylsuchenden und Flüchtlingen

AGOGIS
AGOGIS/INSOS Weiterbildungs- und Organisationsberatung W&O ist ein Bildungsinstitut für berufliche Aus- und Weiterbildung im Sozialbereich. Es bietet in der deutschsprachigen Schweiz den berufsbegleitenden Lehrgang Migrationsfachfrau/Migratonsfachmann (MFP) an.

Ascom
Die Ascom ist zuständig für die Personenerkennung in den Empfangs- und Verfahrenszentren.

Asylanten
Negativ belastete Bezeichnung für Asylsuchende.

Asylbewerber
Irreführende Bezeichnung für Asylsuchende.

Asylsuchende
Als Asylsuchende gelten Personen, die ein Asylgesuch gestellt haben. Sie haben das Recht, sich bis zum Abschluss des Asylverfahrens in der Schweiz aufzuhalten. Sie erhalten den Ausweis N und werden nach Asylansätzen unterstützt.

BFF -> Bundesamt für Flüchtlinge (heute BFM)

BFM -> Bundesamt für Migration

Bildungs- und Beschäftigungsprogramm
Bildungs- und Beschäftigungsprogramme fördern Deutschkenntnisse, bieten Tagesstrukturen an und leisten einen wichtigen Beitrag zur Erhaltung der individuellen Rückkehrfähigkeit sowie zur Integration und Vorbereitung für den 1. Arbeitsmarkt.

Bundesamt für Flüchtlinge (BFF)
Das Bundesamt für Flüchtlinge (BFF) wurde abgelöst durch das Bundesamt für Migration (BFM).

Bundesamt für Migration (BFM)
Das Bundesamt für Migration (BFM) ist zuständig für alle ausländer- und asylrechtlichen Belange in der Schweiz.

CIP Tramelan
Das CIP ist ein Bildungsinstitut spezialisiert in der Aus- und Weiterbildung für Erwachsene. Ein komplettes Schulungsprogramm, von der Grundbildung bis zur Berufsbildung in den Bereichen der Mechanik und der Uhrenmacherei wird noch durch personalisierte Weiterbildungsprogramme in den Bereichen der Informatik, des Managements und Kompetenz-Bilanzen erweitert. Für die französischsprachige Schweiz bietet das CIP Tramelan den berufsbegleitenden Lehrgang Migrationsfachfrau/Migrationsfachmann (MFP) an.

Dublin-Verfahren
Das Assoziierungsabkommen Dublin wurde in der Schweiz am 12. Dezember 2008 umgesetzt. Somit umfasst der Dublin-Raum 30 Staaten: die 27 Staaten der Europäischen Union und die drei assoziierten Staaten Norwegen, Island und die Schweiz. Diese 30 Dublin-Staaten wenden einheitliche Regeln an, um festzulegen, welcher Staat für die Durchführung eines Asylverfahrens zuständig ist. Das Dublin-Verfahren vereinheitlicht nicht das Asyl- und Wegweisungsverfahren im Dublin-Raum, sondern regelt lediglich die Zuständigkeit eines bestimmten Dublin-Staates für dasselbe, wobei das nationale Recht des zuständigen Dublin-Staates Anwendung findet.
Die Verordnungen Dublin sehen vor, dass jedes Asylgesuch nur von einem Dublin-Staat behandelt wird. Dadurch soll vermieden werden, dass eine asylsuchende Person mehrere Asylgesuche in unterschiedlichen Dublin-Staaten einreicht. Die asylsuchende Person hat nach einem abschlägigen Asylentscheid nicht mehr die Möglichkeit, in einem anderen Dublin-Staat erneut ein Asylverfahren anzustrengen. Zwar kann eine asylsuchende Person in einem anderen Dublin-Staat nochmals ein Asylgesuch einreichen, aber dieses wird nicht mehr materiell geprüft. (Quelle: BFM)

Durchgangszentrum (DZ)
Der Aufenthalt in einem Durchgangszentrum (DZ) dauert für Asylsuchende durchschnittlich vier bis sechs Monate, manchmal auch länger. Bei der Zuteilung von neuen Personen berücksichtigt die kantonale Platzierungsstelle das Geschlecht und wenn möglich die Herkunftsregion. Familien erhalten entsprechend der Anzahl ihrer Kinder einen eigenen Raum. Gemeinsam benützen die Bewohnerinnen und Bewohner Küchen- und sanitäre Einrichtungen.

Empfangs- und Verfahrenszentrum (EVZ)
Im Empfangs- und Verfahrenszentrum (EVZ) findet der Empfang der Asylsuchenden statt. Empfangs- und Verfahrenszentren – vormals Empfangsstellen (ES) oder Empfangszentren (EZ) – sind Einrichtungen des Bundes mit einem Verwaltungs- und einem Unterkunftsteil für ca. 200 bis 300 Asylsuchende. Diese Einrichtungen befinden sich in Basel (BS), Kreuzlingen (TG), Vallorbe (VD) und Chiasso (TI).

Empfangsstelle (ES) -> siehe Empfangs- und Verfahrenszentrum
Veraltete Bezeichnung eines Empfangs- und Verfahrenszentrums.

Flüchtling (anerkannt)
Als Flüchtling wird eine Person anerkannt, die aufgrund ihrer politischen Anschauung, der Zugehörigkeit zu einer bestimmten ethnischen, nationalen oder sozialen Gruppe, ihrer Religion oder Nationalität ernsthaften Nachteilen, das heisst schwerwiegender Verfolgung, ausgesetzt war oder begründete Furcht hat, zukünftig solcher Verfolgung ausgesetzt zu sein. Entscheidend ist dabei, dass die Verfolgung vom jeweiligen Herkunftsstaat ausgeht. Den frauenspezifischen Fluchtgründen ist Rechnung zu tragen.
Der Bund beteiligt sich an der Sozialhilfe mit einer Pauschale bis zum Tag, an dem der anerkannte Flüchtling eine Niederlassungsbewilligung erhält bzw. ein Anspruch darauf besteht, d. h. bis maximal fünf Jahre nach Asylgesuchseinreichung.

Gemeindestruktur
Nach der 1. Phase – der Unterbringung in Kollektivunterkünften – werden Asylsuchende in der Regel in Gemeindestrukturen untergebracht.

Grenzsanitarische Massnahmen (GSM); vormals grenzsanitarische Untersuchung
Im Rahmen des Entlastungsprogramms des Bundes EP03 wurde die grenzsanitarische Untersuchung per 1. Januar 2006 zugunsten der grenzsanitarischen Massnahmen (GSM) abgeschafft. Darin wird ein Asylsuchender über seinen Gesundheitszustand anhand eines audiovisuellen Fragebogens, der in 28 Sprachen vorliegt, und unter Anleitung einer medizinischen Fachperson, befragt. (Quelle: BFM)

Kollektivunterkunft
In den einzelnen Durchgangszentren und Wohnheimen wohnen jeweils 80 bis 140 Asylsuchende. Je nach Gebäudestruktur teilen sich zwei bis sechs Männer oder Frauen ein Zimmer. Familien erhalten entsprechend der Anzahl ihrer Kinder einen eigenen Raum. Gemeinsam benützen die Bewohnerinnen und Bewohner Küchen- und sanitäre Einrichtungen.

Migrationsfachfrau/Migrationsfachmann
Neuer, seit März 2008 durch das Bundesamt für Berufsbildung und Technologie BBT anerkannter Berufsabschluss auf Tertiärstufe.

Minimalzentrum
Unkooperative und renitente Asylsuchende werden im Kanton Zürich im Minimalzentrum betreut.

Nichteintretensentscheid (NEE)
In den Art. 32 bis 35 AsylG werden die Nichteintretenstatbestände abschliessend aufgezählt. Neben der Papierlosigkeit können im Wesentlichen folgende Fallkonstellationen zu einem Nichteintretensentscheid führen: Die asylsuchende Person stellt kein Asylgesuch, weil sie nicht um Schutz vor Verfolgung nachsucht (Art. 32 Abs. 1 AsylG). Der Asylsuchende täuscht die Behörden über seine Identität (Art. 32 Abs. 2 lit. b AsylG). Der Asylsuchende verletzt schuldhaft und grob auf andere Weise seine Mitwirkungspflicht (Art. 32 Abs. 2 lit. c AsylG). Der Asylsuchende kann in einen Staat aus-

reisen, in welchem bereits ein Asylgesuch hängig ist, staatsvertraglich (z.b. gemäss Dublinabkommen) für das Asylverfahren zuständig ist (Art. 32 Abs. 2 lit. d AsylG). Der Asylsuchende hat in der Schweiz bereits ein Asylverfahren erfolglos durchlaufen oder im EU/EWR-Raum einen ablehnenden Asylentscheid erhalten, ohne dass in der Zwischenzeit Ereignisse eingetreten sind, die die Flüchtlingseigenschaft begründen (Art. 32 Abs. 2 lit. e bzw. f AsylG). Der Asylsuchende hält sich illegal in der Schweiz auf und will mit dem Asylgesuch den drohenden Vollzug einer Weg- oder Ausweisung vermeiden (Art. 33 AsylG). Der Asylsuchende stammt aus einem vom Bundesrat bezeichneten verfolgungssicheren Staat, einem sog. Safe Country (Art. 34 AsylG). Der dem Asylsuchenden gewährte vorübergehende Schutz wird aufgehoben und es ergeben sich keine Hinweise auf eine Verfolgung (Art. 35 AsylG). Schliesslich tritt das Bundesamt für Migration auf ein nachfolgendes Asylgesuch, das zuvor abgeschrieben worden war, nicht ein, ausser es ist geeignet, die Flüchtlingseigenschaft (oder vorübergehenden Schutz) zu begründen (Art. 35a AsylG).

Nothilfe
Asylsuchende, auf deren Gesuch nicht eingetreten wird bzw. deren Asylgesuch abgewiesen wurde, sind von der Sozialhilfe ausgeschlossen. Geraten die Betroffenen in eine Notlage, so sind die kantonalen Behörden, gestützt auf Artikel 12 der Bundesverfassung (Recht auf Hilfe in Notlagen) und das Zuständigkeitsgesetz, zur Nothilfe verpflichtet. Obwohl sie illegal in der Schweiz sind, haben diese Personen bis zu ihrer Ausreise das Recht auf Nothilfe.

Non-Refoulement-Prinzip
Das Non-Refoulement-Prinzip ist das Kernstück der Genfer Flüchtlingskonvention (Artikel 33). Gemäss Artikel 33 verbietet es die zwangsweise Ausweisung und Zurückweisung eines Flüchtlings bzw. Asylbewerbers in Staaten, in denen sein Leben oder seine Freiheit wegen seiner Rasse, Religion, Staatsangehörigkeit, seiner Zugehörigkeit zu einer bestimmten Gruppe oder wegen seiner politischen Überzeugung bedroht sein würde. Das Prinzip schützt sowohl anerkannte Flüchtlinge als auch Asylsuchende. Das Non-Refoulement-Prinzip ist mittlerweile Teil des Völkerrechtlichen Gewohnheitsrechts und somit sind alle Staaten daran gebunden.

Notunterkunft (NUK)/Notstruktur
Notunterkünfte (NUK)/Notstrukturen sind Zentren, in denen in der Regel Personen mit einem Nichteintretensentscheid (NEE) oder Personen deren Asylgesuch abgelehnt wurde untergebracht sind.

PROBAM
PROBAM ist ein Verein zur Förderung einer Berufsausbildung bzw. eines eidgenössisch anerkannten Berufes im Asyl- und Migrationsbereich. Er entstand aus der gleichnamigen Projektgruppe, die im Jahr 2000 von Zentrenpersonal im Kanton Bern gegründet wurde, um den Bedarf und die Machbarkeit einer anerkannten Ausbildung im Asyl- und Migrationsbereich zu erörtern. PROBAM ist es zu verdanken, dass die zahlreichen Personen, die beruflich im Asylwesen Schweiz tätig sind, eine entsprechende

tertiäre Berufsprüfung absolvieren können («Migrationsfachfrau/Migrationsfachmann» an der Zürcher AGOGIS; resp. Spécialiste de la migration» am CIP in Tramelan).

Rückkehrberatung

Die Rückkehrberatung ist die Anlaufstelle für Personen aus dem Asylbereich, welche die Schweiz freiwillig oder pflichtgemäss verlassen. Die Rückkehrberatung hilft ausreisewilligen Personen bei der Vorbereitung und Organisation ihrer Rückkehr. Sie informiert über die vom Bundesamt für Migration gewährte Rückkehrhilfe. Dieses Angebot besteht aus Beratung, finanzieller und medizinischer Hilfe, Unterstützung bei individuellen Projekten, Ausbildung im Heimatland und Organisation der Reise.

Rückkehrhilfe

Rückkehrhilfe beinhaltet ein System von Leistungen, mit dem eine Rückkehr gefördert wird. Die Rückkehrhilfe besteht aus Beratung, finanzieller und medizinischer Hilfe, Unterstützung bei individuellen Projekten, Ausbildung im Heimatland und Organisation der Heimreise.

Schutzbedürftige (mit oder ohne Aufenthaltsbewilligung)

Die Schweiz kann Schutzbedürftigen für die Dauer einer schweren allgemeinen Gefährdung, insbesondere während eines Krieges oder Bürgerkrieges sowie in Situationen allgemeiner Gewalt, vorübergehenden Schutz gewähren. Der Bundesrat entscheidet, ob und nach welchen Kriterien Gruppen von Schutzbedürftigen vorübergehender Schutz gewährt wird. Hebt der Bundesrat den vorübergehenden Schutz nach fünf Jahren nicht auf, erhalten die Schutzbedürftigen gemäss Artikel 74 des Asylgesetzes eine Aufenthaltsbewilligung. Schutzbedürftige halten sich in dem Kanton auf, dem sie zugeteilt wurden. Schutzbedürftige ohne Aufenthaltsbewilligung erhalten Sozialhilfe nach Asylansätzen, diejenigen mit Aufenthaltsbewilligung sind gemäss Asylverordnung im Bereich der Sozialhilfe den Flüchtlingen gleichgestellt.

SiRück (bis 31. Dezember 2007)

SiRück war die Bezeichnung für die Sicherheitsleistungs- und Rückerstattungspflicht. Diese Pflicht galt für Asylsuchende und für vorläufig in der Schweiz aufgenommene Personen. Diese Personen waren verpflichtet, Fürsorgekosten zurückzuerstatten und für künftige Fürsorge-, Ausreise-, Rechtsmittel- und Vollzugskosten Sicherheit zu leisten. SiRück wurde per 1. Januar 2008 durch eine Sonderabgabe (SonderA) abgelöst.

SKOS

Die SKOS ist ein Fachverband, der sich für die Ausgestaltung und Entwicklung der Sozialhilfe in der Schweiz engagiert. Die Organisation setzt sich aus Vertreterinnen und Vertretern von Gemeinden, Kantonen, vom Bund sowie von privaten Organisationen des Sozialbereichs zusammen. Die SKOS ist in der Fachwelt und der Politik stark verankert. Ihr Leitmotiv ist die Unterstützung und Integration von Menschen in Not. Seit ihrer Gründung im Jahr 1905 engagiert sie sich dafür, dass Armut wirksam bekämpft wird.

SonderA
Asylsuchende und vorläufig aufgenommene Personen sind verpflichtet, die verursachten Kosten des Bundes, z. B. Sozialhilfe-, Ausreise- sowie Vollzugskosten zurückzuerstatten. Erwerbstätige Asylsuchende und vorläufig Aufgenommene müssen aus diesem Grunde eine zeitlich und betraglich begrenzte Abgabe leisten. Die Sonderabgabe löst per 1.1.2008 die bisherige Sicherheitsleistungs- und Rückerstattungspflicht (SiRück) ab.

Die Arbeitgeber von asylsuchenden Personen sind auch gemäss Bestimmungen im revidierten Asylgesetz verpflichtet, 10 Prozent des gemäss AHV relevanten Einkommens dem Bundesamt für Migration (BFM) zu überweisen bis der Maximalbetrag von Fr. 15 000.-- pro Person resp. die maximale Dauer von bis zu 10 Jahren nach der ersten Erwerbsaufnahme erreicht ist.

UNHCR
Hochkommissariat für Flüchtlinge der Vereinten Nationen (United Nations High Commissioner for Refugees).

Vorläufig aufgenommene Flüchtlinge
Vorläufig aufgenommene Flüchtlinge (nicht zu verwechseln mit vorläufig aufgenommenen Personen) sind Menschen, welche die Flüchtlingseigenschaft besitzen, bei denen aber ein Asylausschlussgrund vorliegt, z. B. aufgrund einer Straffälligkeit. («Flüchtlingen wird kein Asyl gewährt, wenn sie wegen verwerflicher Handlungen dessen unwürdig sind oder wenn sie die innere oder die äussere Sicherheit der Schweiz verletzt haben oder gefährden.» (Art. 53, 54, 55; AsylG))
Gegenüber einem «normal» vorläufig aufgenommenen hat diese Kategorie von Ausländern eine bessere Rechtsstellung. Gleich wie einer Person, der Asyl gewährt worden ist, wird dem als Flüchtling vorläufig Aufgenommenen eine Erwerbstätigkeit sowie der Stellen- und Berufswechsel ohne Rücksicht auf die Arbeitsmarktlage bewilligt.

Vorläufige Aufnahme/Vorläufig aufgenommene Personen
Ist der Vollzug der Weg- oder Ausweisung nicht möglich, nicht zulässig oder nicht zumutbar, so verfügt das Bundesamt die vorläufige Aufnahme (Bundesgesetz über die Ausländerinnen und Ausländer vom Dezember 2005, Artikel 83, Absatz 1).

ZAKK: Zürcher Asylkoordinatorinnen- und Asylkoordinatoren-Konferenz
Fördert die berufliche Kompetenz von Asylkoordinatorinnen und Asylkoordinatoren, führt Seminare und Tagungen zu Fachthemen durch und vernetzt die zürcherischen Gemeinden und Institutionen im Asylbereich fachlich.

Zweitasyl
Der Begriff Zweitasyl bedeutet, dass Flüchtlinge, die bereits in einem Erststaat Asyl oder anderweitige Aufnahme gefunden haben, in einem Zweitstaat nach einer gewissen Anwesenheitszeit Asyl erhalten können. (Quelle: BFM).

Integration beginnt und gelingt mit Begegnung

Von Bundesrätin Simonetta Sommaruga
Vorsteherin des Eidgenössischen Justiz- und Polizeidepartementes

Wer seine Heimat verlässt, um an einem neuen Ort Fuss zu fassen, macht einen grossen, oft schweren Schritt. Der Einschnitt in sein Leben ist tief. Er lässt eine Geschichte im alten Land hinter sich und trägt Wünsche und Hoffnungen ins neue Land. Hier begegnet er unbekannten Menschen, macht neue und bereichernde Erfahrungen. Seine Ansichten und Erwartungen treffen auf fremde, unvertraute. Unverständnis und Enttäuschungen sind nicht selten, bei Ansässigen und Zugewanderten.

Sich in ein Land und seine Gesellschaft zu integrieren fordert die Zugewanderten. Die Zugewanderten aufzunehmen fordert die Ansässigen. Um die Bilanz ihrer Begegnung ins Positive zu drehen, müssen beide Seiten Schranken wegräumen, die sie behindern. Das setzt Offenheit voraus, das setzt Respekt voraus, bei Ansässigen und Zugewanderten.

Aber nicht nur der Einzelne hat eine Rolle zu spielen, auch der Staat, die öffentliche Hand. Die Schweiz hat Integration als eine staatliche Aufgabe anerkannt und rechtlich verankert. Alle staatlichen Ebenen arbeiten zusammen, auch mit den Sozialpartnern, Nichtregierungs- und Ausländerorganisationen. Bund, Kantone, Städte und Gemeinden haben ein gemeinsames Ziel: den Zusammenhalt der Gesellschaft zu stärken, wobei die Werte der Bundesverfassung als Grundlage dienen. Sie wollen Chancengleichheit verwirklichen und Vielfalt berücksichtigen, die unterschiedlichen Potenziale nutzen und Eigenverantwortung einfordern, bei Ansässigen und Zugewanderten.

Schauplätze der Integration gibt es viele: die Schule, den Arbeitsplatz, das Wohnquartier. Hier setzen die Massnahmen an. Sprachförderung, berufliche Integration, Beratung und Information sollen Lücken schliessen und die Chancen der Zugewanderten verbessern, sich am öffentlichen Leben zu beteiligen. Im Gegenzug haben die Zugewanderten Recht und Ordnung zu respektieren. Sie müssen gewillt sein, eine Landessprache zu erlernen und sich zu bilden, damit sie einer Arbeit nachgehen können.

Die Behörden bei Bund, Kantonen und Gemeinden sowie die beteiligten Organisationen müssen ihren Dialog, ihre Zusammenarbeit und ihre Anstrengungen weiter ausbauen. Sie müssen Sprach- und Bildungsangebote weiter professionalisieren. Zugewanderte und Ansässige müssen sich besser kennenlernen. Dazu braucht es professionelle und ausdauernde Informations- und Vernetzungsarbeit. Das ist der Weg, auf dem der Bundesrat die Integrationspolitik verstärken will.

Dass der Staat die Integration fördert, ist wichtig und wertvoll. Er darf dabei aber nie vergessen, dass sich die direkte Begegnung zwischen Menschen durch nichts ersetzen lässt. Integration beginnt und gelingt mit Begegnung.

Dank

Die Autorin dankt
– allen Porträtierten für ihre Bereitschaft, bei diesem Projekt mitzuwirken und die Phantombegriffe *Migration*, *Asyl* und *Integration* durch ihre jeweils individuellen Konturen massgeblich zu verfeinern und sie somit aus der reinen Begrifflichkeit herauszuheben in eine eigentliche Sinnlichkeit;

– dem International Writer's and Translator's House Ventspils, Lettland, für Ruhe, Raum und Zeit und für die damit einhergehende Möglichkeit, erste Porträts zu verfassen;

– sowie dem Hotel Engstlenalp ob Innertkirchen, für das einmalige Artist-in-Residence-Arrangement, das mir die Familie Immer-Schild gewährte; familiär umsorgt und umgeben von Schneemassen, Stille und einem mit Sternen gesprenkelten Nachthimmel konnte ich so die erste Überarbeitung des Manuskripts vornehmen.